Vorwort

Diese Darstellung der betriebswirtschaftlichen Organisationslehre entspricht inhaltlich den einschlägigen universitären Veranstaltungen. Sie soll dem Studenten beim **systematischen Vor- und Nacharbeiten** helfen und als **Repetitorium** für Klausur und Examen dienen. Für den Praktiker stellt sie eine kompakte und präzise Einführung dar, die sich auf das Wesentliche konzentriert und ihm bereits innerhalb kurzer Zeit einen sehr guten **Überblick** verschafft.

Das bewährte Konzept, das Thema besonders **verständlich** und **strukturiert** darzustellen, blieb unverändert. Auch das handliche Format wurde bewußt beibehalten, so daß Organisation leicht in jede Vorlesung mitgenommen werden kann.

Organisation wurde, wie alle 14 Buchtitel der Reihe, nach den folgenden drei Merkmalen gestaltet:

- **Struktur und Übersichtlichkeit.** Oberbegriffe erscheinen bei der ersten Erwähnung **fett;** wichtige Sachverhalte werden durch *Kursivschrift* hervorgehoben. Zur besseren Strukturierung des Textes werden Aufzählungen, Unterteilungen und Beispiele eingerückt dargestellt. Eigennamen erscheinen als KAPITÄLCHEN. – Die Terminologie in der Literatur ist leider nicht einheitlich; deswegen wird das jeweils *meistverwendete* oder *verständlichste* Fachwort benutzt. Nach der ersten Erwähnung jedes Fachworts werden andere, ebenfalls verwendete Begriffe in Klammern aufgezählt, um dem Leser die Orientierung im von ihm verwendeten Lehrbuch zu erleichtern.
- **Abbildungen und Tabellen.** Die verbale Darstellung wird, soweit es sinnvoll ist, durch übersichtliche *Abbildungen* und prägnante *Tabellen* zusammengefaßt.
- **Beispiele und Übungsaufgaben.** Viele *Beispiele* und deren *Lösungen* tragen zum besseren Verständnis bei. Zudem wurde großer Wert auf *Übungsaufgaben* – natürlich ebenfalls mit *Lösungen* – gelegt, welche die intensive Wiederholung erleichtern.

Für eine optimale Klausurvorbereitung wird vorgeschlagen:

1. zur Vorstrukturierung Organisation bei Semesterbeginn zügig, aber ganz zu lesen; Geschwindigkeit hat dabei Vorrang vor dem Verständnis aller Details;
2. während des Semesters Organisation veranstaltungsbegleitend gründlich durchzuarbeiten und durch Randbemerkungen zu ergänzen; und
3. am Semesterende Organisation zur Wiederholung nochmals zu lesen.

Übrigens: Im Internet finden Sie den Verlag unter **www.wrw-verlag.de** .
Über Ihre Anregungen, Ihr Lob und Ihre Kritik freuen wir uns unter: **hinweise@wrw-verlag.de** .

Viel Spaß bei der Lektüre!

Max Otte

Inhaltsverzeichnis

1 Einführung

Das Phänomen der **Organisation** ist nicht nur Gegenstand der Betriebswirtschaft, sondern auch vieler anderer wissenschaftlicher Disziplinen (Soziologie, Politikwissenschaft, Biologie, Informatik). Die **betriebswirtschaftliche Organisationslehre** beschäftigt sich mit der *Gestaltung von Strukturen und Prozessen in Unternehmen und anderen Betrieben.* Es gibt recht viele Definitionen:

- Organisation ist ein System von betriebsgestaltenden Regelungen (NORDSIECK).
- Organisation ist ein System dauerhaft angelegter betrieblicher Regelungen, das einen möglichst kontinuierlichen und zweckmäßigen Betriebsablauf sowie den Wirkungszusammenhang zwischen den Trägern betrieblicher Entscheidungsprozesse gewährleisten soll (SCHWARZ).
- Organisation ist die Gestaltung von Systemen zu Erfüllung von Daueraufgaben (GROCHLA).
- Organisation umfaßt Systeme zur zielgerichteten Verarbeitung von Informationen zur Unterstützung marktorientierter Entscheidungen bei interpersoneller Arbeitsteilung (FRESE).

Je regelmäßiger und gleichartiger sich ein betrieblicher Prozeß wiederholt, desto eher bietet sich statt einer Einzelfallentscheidung eine allgemeine Regelung an. Dies entlastet Unternehmensführung und Mitarbeiter, weil Einzelfallentscheidungen wegfallen. Allerdings wird den ausführenden Mitarbeitern auch Entscheidungsfreiheit genommen; und Prozesse werden in einen starren, vielleicht nicht immer passenden Rahmen gezwungen.

> **Beispiel:** In einem Unternehmen sind an jedem Arbeitstag ca. 200 Rechnungen zu schreiben. Für diesen regelmäßigen, sich gleichartig wiederholenden Prozeß richtet es eine Stelle „Rechnungsschreibung" ein, die mit einem Mitarbeiter besetzt ist (Struktur, Aufbauorganisation). Außerdem legt das Unternehmen fest, welche Arbeitsschritte in welcher Reihenfolge beim Schreiben einer Rechnung auszuführen sind (Prozeß, Ablauforganisation).

Man unterscheidet also die Organisation von Strukturen (Aufbauorganisation) und die Organisation von Prozessen (Ablauforganisation):

- Die **Aufbauorganisation** beschäftigt sich mit dem formalen Aufbau eines Unternehmens. Hier wird die Strukturierung eines Unternehmens in Stellen, Abteilungen und andere Einheiten beschrieben, analysiert und gestaltet.
- Die **Ablauforganisation** beschreibt, analysiert und gestaltet die Arbeitsprozesse (Arbeitsabläufe) im Unternehmen.

Diese Trennung ist allerdings künstlich. In der Realität sind Aufbau und Ablauf eng verbunden und müssen meist synchron organisiert werden. **Beispiele:** Bei Analyse und Design der Aufbauorganisation (Abschnitt 4.2) müssen auch Abläufe betrachtet werden. Eine Neugestaltung der Ablauforganisation führt meist auch zu Änderungen der Aufbauorganisation.

Im folgenden werden zunächst die theoretischen Grundlagen erläutert (Kapitel 2). Es folgt die Aufbauorganisation (Kapitel 3). Kapitel 4 beschäftigt sich mit Organisationsanalyse und -design sowie den dazugehörigen Techniken. Kapitel 5 behandelt die Organisationsentwicklung. Den Abschluß bilden Übungsaufgaben und Fallstudien mit Lösungen (Kapitel 6).

2 Organisationstheorie

Die **Organisationstheorie** beschäftigt sich mit den wissenschaftlichen Grundlagen der Organisation. Hier werden Erklärungen für das Verhalten von Organisationen und Grundlagen für die konkrete Gestaltung von Organisationen erarbeitet. In diesem Kapitel werden sechs bedeutende organisationstheoretische Ansätze vorgestellt: Scientific Management, soziologische Ansätze, motivationsorientierte Ansätze, systemtheoretische Ansätze, entscheidungsorientierte Ansätze und institutionenökonomische Ansätze. Einige diese Ansätze, insbesondere die entscheidungsorientierten und die institutionenökonomischen Ansätze, sind jüngeren Ursprungs, aber auch die anderen Ansätze beeinflussen bis heute die Diskussion.

2.1 Scientific Management

Ihren Ursprung hat die moderne Organisationstheorie im neunzehnten Jahrhundert. In diesem Jahrhundert ereignete sich die industrielle Revolution. Noch 1890 waren in England, dem Geburtsland der industriellen Revolution, durchschnittlich weniger als 200 Arbeiter pro Betrieb beschäftigt. Bis in das letzte Viertel des neunzehnten Jahrhunderts waren die meisten Betriebe noch handwerklich organisiert. Die Führungsaufgaben in der Produktion wurden weitgehend von Meistern wahrgenommen. Die Meister teilten die Arbeiter ein, teilten das Material zu, belohnten und sanktionierten gute bzw. schlechte Leistungen und waren in der Fabrikhalle weitgehend autonom. Einkauf, Verkauf und Finanzmanagement wurden von dem Eigentümer oder einer kleinen zentralisierten Verwaltung wahrgenommen.

Gegen Ende des neunzehnten Jahrhunderts setzte eine rasante Entwicklung der industriellen Produktion ein. Die Märkte und die produzierten Stückzahlen wuchsen rapide an, und mit ihnen die durchschnittlichen Betriebsgrößen.

> **Beispiel:** Bis in das letzte Viertel des neunzehnten Jahrhunderts waren die meisten Betriebe noch handwerklich organisiert. Die KRUPP AG in Deutschland und die STANDARD OIL COMPANY in den USA waren hingegen Unternehmen eines neuen Typs: sie waren Großunternehmen mit vielen Produktbereichen und Standorten.

Im Zuge der Industrialisierung wurde die Organisation der Unternehmen zu einem zunehmend wichtigeren Thema. Die rasch wachsenden Großunternehmen hatten mehrere Probleme zu lösen:

- *Organisation und Koordination des Produktionsprozesses.* Wie sollte die zunehmend größere Anzahl von Arbeitern geführt und ihre Arbeitsleistung koordiniert werden? Welche Aufgaben sollten die Meister in den wachsenden Produktionsbetrieben wahrnehmen? Wie sollte die Arbeit aufgeteilt werden?
- *Motivation der Arbeitskräfte.* Wie konnten die Arbeiter dazu gebracht werden, optimale Leistungen zu erbringen?
- *Durchsetzung gegenüber der Konkurrenz.* In der Marktwirtschaft konkurrieren zumeist mehrere Produzenten um einen Absatzmarkt. Diese Konkurrenz fand häufig über den Preis statt. Wie also konnten die Preise möglichst gering gehalten oder sogar gesenkt werden?

Insbesondere der Name FREDERICK WINSLOW TAYLOR (1841-1925) und das von ihm vertretene **Scientific Management** (1911; dt.: wissenschaftliche Betriebsführung) sind untrennbar mit der Entwicklung der Organisationslehre verbunden. TAYLOR verstand Organisation als ein soziotechnisches System, in welchem die technische Komponente ganz klar dominierte. Das Scientific Management zeichnete sich durch folgende Merkmale aus:

- *Menschenbild des homo oeconomicus.* TAYLOR ging davon aus, daß der Mensch ein Produktionsmittel wie alle anderen sei. Er verhält sich streng rational im Sinne eines **homo oeconomicus**. Der Mensch tausche während der Arbeit seine Arbeitskraft gegen eine entsprechende Entlohnung und habe keine höheren Bedürfnisse (zu haben).
- *Anwendung technisch-physikalischer Meßmethoden auf den Arbeitsprozeß.* Der Arbeitsprozeß sollte nach rein technisch-ingenieurwissenschaftlichen Methoden rationalisiert und gestaltet werden. TAYLOR führte als einer der ersten Zeit- und Bewegungsstudien für Arbeitsvorgänge durch, um Standardwerte zu ermitteln und Vorgänge zu optimieren. Solche Zeitstudien werden zum Teil bis heute verwendet und weiterentwickelt, in Deutschland zum Beispiel durch den REFA-Verband.
- *Extreme Standardisierung und Arbeitsteilung.* Die Arbeiter sollten von planenden und disponierenden Tätigkeiten entlastet werden und sich ganz ihrer speziellen Tätigkeit widmen. Alle einzelnen Tätigkeiten waren auf das genaueste dokumentiert. Dies erlaubte eine immer größere Spezialisierung, welche die Ausbildungskosten reduzierte und Lerneffekte beschleunigte.
- *Spezialisierung der Leitungsfunktionen.* Auch die Leitungsfunktionen wurden im TAYLORschen System spezialisiert. Hierzu entwickelte TAYLOR das sogenannte **Funktionsmeisterprinzip.** Jeder Funktionsmeister war nur für eine bestimmte Funktion zuständig, dies aber für alle Arbeitskräfte eines bestimmten Bereichs. Insgesamt sollte es acht Funktionsmeister geben: einen Arbeitsverteiler, einen Unterweisungsbeamten, einen Kosten- und Zeitbeamten, einen Verrichtungsmeister, einen Geschwindigkeitsmeister, einen Prüfmeister, einen Instandhaltungsbeamten und einen Aufsichtsbeamten.
- *Leistungsbezogene Produktionslöhne.* TAYLOR machte sich durchaus Gedanken über die Motivation und Entlohnung von Arbeitskräften. Hierfür schlug er eine produktionsabhängige Entlohnung vor, welche bis heute als Akkordlohnsystem praktiziert wird.

Eine Steigerung erfuhr die Standardisierung von Produktionsprozessen bereits im Jahre 1907, als HENRY FORD die Fließbandproduktion begann. Die extreme Aufteilung (und Zersplitterung) von Tätigkeiten und Leitungsfunktionen und die technisch-physikalische Sichtweise des Leistungserstellungsprozesses wird bis heute auch als **TAYLORismus** bezeichnet.

TAYLORS Methoden trugen maßgeblich zum Wachstum der modernen Großunternehmen bei; seine Gedanken wirken bis in die Gegenwart fort. So läßt sich auch in modernen betriebswirtschaftlichen Ansätzen wie zum Beispiel dem **Business Reengineering** (die konsequente Analyse und Straffung von Arbeitsabläufen mit Hilfe moderner Informationstechnik) der Gedanke der wissenschaftlichen Durchdringung und Gestaltung von Arbeitsabläufen entdecken. Allerdings unterscheidet sich das Business Reengineering in anderen Punkten radikal vom TAYLORISMUS: beim Business Reengineering soll möglichst viel Verantwortung dezentralisiert und delegiert werden; ebenso soll die starke Spezialisierung zurückgeführt werden.

Kritik an TAYLORS Methoden setzte schon früh ein, zunächst durch die Gewerkschaften. Sein System reduzierte den Produktionsarbeiter auf den Teil eines technischen Systems; die Arbeitsleistung wurde völlig fremdbestimmt und damit entmenschlicht.

2.2 Soziologische Ansätze

Neben den Unternehmen begannen im späten neunzehnten und im frühen zwanzigsten Jahrhundert auch andere Organisationen in neue Dimensionen zu wachsen. Dies waren insbesondere Organisationen der staatlichen Verwaltung. Nachdem sich die Vertreter des Scientific Management den Problemen der Organisation vor allem aus einer technisch-ingenieurwissenschaftlichen Perspektive gewidmet hatten, wurde das Verhalten von großen staatlichen Organisationen zunächst aus einer soziologischen Perspektive heraus analysiert.

Insbesondere der deutsche Soziologe MAX WEBER beschäftigte sich zu Beginn des zwanzigsten Jahrhunderts mit den Merkmalen von Organisationen, speziell mit Fragen der Herrschaftsausübung in und durch Bürokratien. In jeder Gesellschaft wird Herrschaft (Macht) ausgeübt. Sie ist dann **legitim,** wenn sie von den handelnden Personen anerkannt wird. Herrschaft kann auf drei verschiedene Arten legitimiert sein:

1. Die **legale Herrschaft** beruht auf der Anerkennung eines Systems von Gesetzen. Diese Gesetze beruhen ihrerseits auf rationalen Annahmen. Die Anweisungen von Vorgesetzten werden aufgrund der Gesetze befolgt.
2. Die **traditionale Herrschaft** beruht auf hergebrachten Traditionen. Führungspositionen sind durch die Tradition (Könige, Kaiser) begründet.
3. Die **charismatische Herrschaft** stützt sich auf dem Glauben an eine Person. Anweisungen werden aufgrund des Vertrauens in das Charisma der Person des Führers befolgt.

WEBER untersuchte vor allem die Merkmale der modernen **Bürokratie.** Diese kann Teil der staatlichen Verwaltung sein. Doch auch die Verwaltung von Großunternehmen kann stark bürokratische Züge aufweisen. Eine wichtige Voraussetzung für das Entstehen von Bürokratien ist die legale Herrschaftsform. Nur auf der Basis von niedergeschriebenen, rationalen Gesetzen können größere Verwaltungsorganisationen entstehen. Bürokratien arbeiten nach den folgenden Prinzipien:

- **Personenunabhängige Standardisierung von Aufgaben und Arbeitsteilung.** Für jedes Amt (oder jede Stelle) werden bestimmte Aufgaben definiert, welche regelmäßig anfallen und auszuführen sind. Hierzu wird die Arbeit nach einem bestimmten Verfahren auf einzelne Stellen aufgeteilt. Rechte und Pflichten werden je nach Stelle aufgeteilt und sind personenunabhängig.

- **Hierarchie und Kompetenzabgrenzung.** Bürokratien sind hierarchisch organisiert. Das heißt, in der Organisation werden klare Verhältnisse von Über- und Unterordnung definiert. Auch bei gleichrangigen Stellen werden die Kompetenzen klar abgegrenzt. Eine übergeordnete Stelle hat eine Weisungsbefugnis und Kontrollfunktion, sie ist aber nicht berechtigt, selbst die Geschäfte der untergeordneten Stelle zu führen. Neben dem Befehlsweg von oben nach unten gibt es auch einen genau definierten Beschwerdeweg von unten nach oben.

- **Führungsregeln.** Für die Ausübung von Führungspositionen existieren feste Regeln und Normen. Hierfür gibt es insbesondere den *Dienstweg.* Führungsverhalten soll sachlich begründet sein und von menschlichen Neigungen und Abneigungen unabhängig sein.

- **Betonung fachlicher Kompetenz.** In der Amtshierarchie kann man im Rahmen einer vorgegebenen Laufbahn aufsteigen. Das Kriterium hierfür ist fachliche Kompetenz.

- **Prinzip der Aktenmäßigkeit.** Alle Vorgänge sollen schriftlich festgehalten und dokumentiert werden. Dies soll später die personenunabhängige Überprüfung von Vorgängen erleichtern.

Auch in großen Unternehmen entstehen häufig Bürokratien. Gerade das TAYLORsche System der Arbeitsteilung begünstigt die Tendenz zur Bürokratisierung außerordentlich. In jüngerer Zeit sind deshalb Managementphilosophien entstanden, welche der Bürokratisierung entgegenwirken sollen *(Lean Management).* Allerdings läßt sich bei der *Qualitätszertifizierung nach DIN/ISO* auch eine Gegentendenz zu mehr Bürokratisierung feststellen.

HENRY FAYOL widmete sich etwa zeitgleich mit TAYLOR ähnlichen Fragen. Er befaßte sich allerdings mehr mit Prinzipien der Gesamtorganisation. Im Gegensatz zu WEBERS bürokratischem Ansatz spricht man bei FAYOL vom **administrativen Ansatz.** Eine optimale Organisation kann nach FAYOL nur dann entstehen, wenn übersichtliche und eindeutige Beziehungen zwischen den einzelnen Elementen des Systems existieren. Hierfür standen die beiden Prinzipien der Einheit der Auftragserteilung und der optimalen Kontrollspanne im Vordergrund:

1. *Prinzip der Einheit der Auftragserteilung.* Jedes Mitglied einer Organisation erhält nur von einem Vorgesetzen Weisungen. Dieser Grundsatz entspricht dem WEBERschen Bürokratiemodell, er steht aber im Widerspruch zu TAYLORS Funktionsmeisterprinzip.
2. *Prinzip der optimalen Kontrollspanne* (Leitungsspanne). FAYOL machte sich auch Gedanken über die optimale Führung in Organisationen. Kein Vorgesetzter sollte mehr Untergebene haben, als er überwachen konnte, aber auch nicht wesentlich weniger.

Auf Basis der Grundlagen sowohl von TAYLOR als auch von WEBER und FAYOL bildete sich in Deutschland in den dreißiger Jahren des zwanzigsten Jahrhunderts die klassische betriebswirtschaftliche Organisationslehre als Ausprägung der administrativen Variante. Auch hier stand die optimale Gestaltung von Stellen, Abläufen, Leitungsspannen und anderen Elementen der Organisation im Vordergrund. Vertreter waren NORDSIECK (1931) und KOSIOL (1962).

2.3 Motivationsorientierte Ansätze

In den ersten Jahrzehnten des zwanzigsten Jahrhunderts entstand eine Gegenströmung zu den technisch-ingenieurwissenschaftlichen Richtungen der Organisationslehre. Schon früh hatten die Gewerkschaften Kritik am Menschenbild der wissenschaftlichen Betriebsführung und an der Fremdbestimmung und Sinnentleerung der Arbeit geäußert (vgl. S. 7). In diesem Abschnitt werden die Human-Relations-Bewegung, die Zwei-Faktoren-Theorie und die Theorien X und Y vorgestellt.

Die **Human-Relations-Bewegung** ist die Grundlage der motivationsorientierten Anätze. Sie beruht auf Untersuchungen von MAYO, ROETHLISBERGER, DICKSON und WHITEHEAD in den HAWTHORNE-Werken der WESTERN ELECTRIC COMPANY. In Experimenten wurde der Einfluß von Lichtverhältnissen auf die Arbeitsleistung untersucht. Eine Gruppe von Arbeitern arbeitete unter den alten Bedingungen, eine andere Gruppe unter verbesserten Bedingungen. In den Experimenten verbesserte sich aber die Arbeitsleistung beider Gruppen. MAYO und seine Mitforscher folgerten daraus, daß nicht nur die physikalischen Verhältnisse, sondern auch soziale Beziehungen motivationsfördernd wirken.

Die Human-Relations-Bewegung forderte nun eine Überwindung des „ökonomistischen“ Menschenbildes in der Organisationslehre. Menschen seien sozial motiviert, deswegen sei eine hohe Arbeitszufriedenheit von besonderer Bedeutung für die Arbeitsleistung.

Die Human-Relations-Bewegung machte zum ersten Mal die Forderungen der Gewerkschaften auch wissenschaftlich-empirisch belegbar. Allerdings war auch dieser Ansatz nicht ganz ohne Probleme, insbesondere:

- Überbewertung der psychologischen Faktoren, Vernachlässigung der technischen Komponente
- Schaffung von „Scheinzufriedenheit“, Umgehung echter Konflikte
- Gleichsetzung von Zufriedenheit mit Motivation zur Arbeit
- Tendenz zu einem paternalistischen Führungsstil – Zufriedenheit von oben.

Während des Zweiten Weltkriegs und in den folgenden Jahren wurden **motivationstheoretische Ansätze** entwickelt, welche auf der Human-Relations-Bewegung aufbauten. Diese Ansätze befaßten sich mit der Frage, wie das Individuum motiviert werden kann, Arbeitsleistung zu erbringen. Die bloße Zufriedenheit des Individuums aufgrund harmonischer sozialer Beziehungen reicht ihren Vertretern nach nicht aus. Ein Arbeiter kann auch zufrieden sein, wenn er den ganzen Tag mit den Kollegen Kaffee trinkt – für die Arbeitsleistung ist dies aber eher schädlich.

Eine wichtige Grundlage der motivationstheoretischen Ansätze ist die **Bedürfnispyramide** nach MASLOW (vgl. ***Marketing,*** Abschnitt 2.2.1.3). MASLOW geht davon aus, daß Bedürfnisse auf verschiedenen Ebenen befriedigt werden müssen:

1. Zuerst befriedigt ein Konsument seine *physiologischen Bedürfnisse.* **Beispiele:** Nahrungsmittel, Kleidung.
2. Erst dann kann er seine *Sicherheitsbedürfnisse* befriedigen. **Beispiele:** Vorratshaltung von Nahrungsmitteln, Alterssicherung.
3. Sind diese gewährleistet, wird der Konsument verstärkt *soziale Bedürfnisse* geltend machen. **Beispiel:** Zugehörigkeit zu und Akzeptanz in bestimmten Gruppen.
4. Auf der nächsten Ebene sind die Bedürfnisse nach *Wertschätzung* und *Status* zu finden.
5. Wenn alle vorhergehenden Bedürfnisse befriedigt wurden, kommt schließlich auch das Bedürfnis nach *Selbstverwirklichung* zum Tragen.

Die Bedürfnispyramide von MASLOW kann oft empirisch nicht verifiziert werden. Auch lassen sich Gegenbeispiele konstruieren (**Beispiele:** Revolutionär, welcher Leben und Sicherheit riskiert, um seine Idee zu verwirklichen; oder hungernder Künstler, welcher dennoch mit seiner Kunst glücklich ist). Es ist aber der Verdienst von MASLOW, darauf hingewiesen zu haben, daß die menschliche Bedürfnisstruktur komplexer ist, als es sowohl die Vertreter der wissenschaftlichen Betriebsführung als auch die Vertreter der Human-Relations-Bewegung sahen.

HERZBERG bereinigte mit seiner **Zwei-Faktoren-Theorie** (Dualfaktorentheorie) aus dem Jahre 1959 einige Probleme des MASLOWschen Ansatzes. Seine Theorie beruhte auf empirischen Studien bei Ingenieuren und Buchhaltern in Pittsburgh, wo HERZBERG und sein Team insgesamt 5.000 Arbeitssituationen untersuchten. Nach HERZBERG existieren zwei Gruppen von Faktoren, welche die Arbeitszufriedenheit in Unternehmen beeinflussen:

1. **Hygienefaktoren** machen unzufrieden, wenn sie nicht beachtet werden, schaffen aber an sich noch keine Arbeitszufriedenheit. **Beispiele:** Arbeitsbedingungen, Beziehungen zu Vorgesetzten, Betriebsklima, unter gewissen Umständen z. B. auch das Gehalt.
2. **Motivatoren** schaffen die eigentlichen Leistungsanreize. **Beispiele:** Anerkennung von Leistung, Arbeit selbst, Verantwortung.

HERZBERG empfahl, bei den Hygienefaktoren gewisse Mindeststandards zu schaffen oder einzuhalten, die Anstrengungen aber überwiegend auf die Motivatoren zu konzentrieren. Damit betonte er die *intrinsische Motivation*, d. h. die von innen kommende Motivation.

MCGREGOR faßte 1960 die beiden bis dahin vorherrschenden Grundrichtungen der Organisation noch einmal zusammen und bewertete sie.

- **Theorie X** geht von einem rein ökonomischen Menschenbild aus: Der Mensch ist daran interessiert, möglichst wenig zu tun und gibt seine Arbeitskraft nur gegen Entlohnung. Kontrolle und wissenschaftliche Betriebsführung sind die Lösungen.
- **Theorie Y** geht davon aus, daß der Mensch sowohl ruhen und spielen als auch arbeiten will. Er handelt überdies nicht nur als rationales Individuum, sondern fühlt sich auch den Zielen einer Organisation und sozialen Bindungen verpflichtet.

MCGREGOR bezog Stellung zugunsten der zweiten Theorie. Sein Beitrag ist eher darin zu sehen, daß er die bislang existierenden Theorien zusammenfaßte und bewertete. Seine Beiträge zur Weiterentwicklung der Theorien sind eher gering.

2.4 Systemtheoretische Ansätze

Den Definitionen des Begriffs Organisation auf S. 5 ist gemeinsam, daß sie sich auf Systeme beziehen. 1945 entwickelte der Biologe LUDWIG V. BERTALANFFY erstmalig das Konzept der **allgemeinen Systemtheorie.** Die Systemtheorie versucht, allgemeine Gesetzmäßigkeiten über das Verhalten von Systemen zu erforschen. Sie ist zunächst eine sehr abstrakte Theorie, welche sich mit solch unterschiedlichen Systemen wie Ökosystemen, Unternehmen, Maschinen, Verbänden, Staaten oder Planetensystemen beschäftigt.

Ein **System** ist eine *Menge von Elementen, die miteinander in Beziehung stehen.* Es besteht damit aus Elementen und Beziehungen zwischen diesen Elementen. Abbildung 1 zeigt ein einfaches System (z. B. ein Unternehmen) aus den drei Elementen A, B und C (z. B. Abteilungen oder Werke), die miteinander in Beziehung stehen (z. B. Informationsaustausch zwischen Abteilungen oder Warenaustausch zwischen Werken eines Unternehmens).

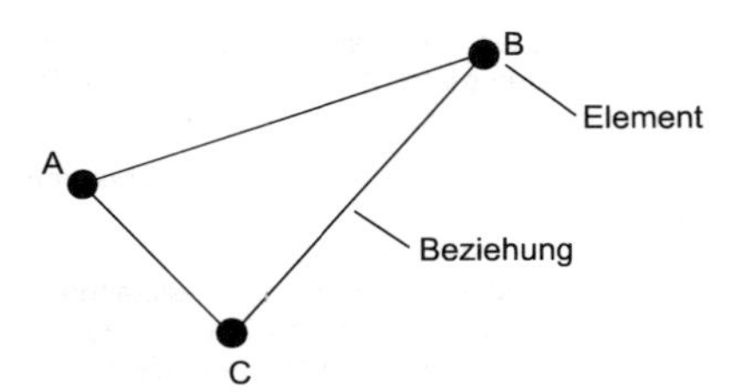

Abbildung 1. Ein einfaches System

Systeme können offen oder geschlossen sein:

- Ein *geschlossenes System* ist in sich abgeschlossen; **Beispiel:** Ein Zahlensystem, welches für alle Zeiten entworfen wurde.
- Ein *offenes System* steht in Austauschbeziehungen zu seiner Umwelt; **Beispiele:** Unternehmen, Staaten.

In der Realität existieren nur wenige geschlossene Systeme. Selbst die Erde steht mit ihrer Umwelt in vielfältigen Austauschbeziehungen (kosmischer Staub, Meteore, Strahlung). Systeme können auch anhand der sechs Kriterien Sachlichkeit, Veränderlichkeit, Vorherbestimmbarkeit, Komplexität, Entstehungsart und Elementeart unterschieden werden:

Unterscheidungskriterien für Systeme					
Sachlichkeit	**Veränderlichkeit**	**Vorherbestimmbarkeit**	**Komplexität**	**Entstehungsart**	**Elementeart**
• Logische Systeme • Materielle Systeme	• Statische Systeme • Dynamische Systeme	• Deterministische Systeme • Stochastische Systeme	• Einfache Systeme • Komplexe Systeme • Hochkomplexe Systeme	• Natürliche Systeme • Künstliche Systeme	• Soziale Systeme • Technische Systeme • Soziotechnische Systeme

Die betriebswirtschaftlichen Organisationslehre beschäftigt sich überwiegend, aber nicht ausschließlich mit offenen, materiellen, dynamischen, komplexen oder hochkomplexen künstlich geschaffenen soziotechnischen Systemen.

Organisationssoziologische Ansätze beschäftigen sich mit der Frage, wie angesichts der unterschiedlichen Interessen und Perspektiven von Individuen soziale Ordnungen möglich sind und mit der Frage, nach welchen Gesetzmäßigkeiten diese Ordnungen funktionieren. Begründer dieses analytischen Ansatzes war 1950 der amerikanische Soziologe TALCOTT PARSONS. In Deutschland wurde dieser Ansatz vor allem von NIKLAS LUHMANN vertreten. Mit diesen Ansätzen wurde ein abstraktes Theoriegebäude geschaffen, welches eher den Gesellschaftswissenschaften als der Betriebswirtschaft zuzuordnen ist. Konkrete Aussagen für die betriebliche Praxis lassen sich nicht ableiten.

Auch der **systemtheoretisch-kybernetische Ansatz** geht von abstrakten Prämissen aus und ist eher ein allgemeiner Erklärungsansatz als daß er konkrete Aussagen für die betriebliche Praxis bereitstellt. Die **Kybernetik** ist die *Lehre von der (Selbst-)steuerung von Systemen.* Sie geht auf BERTALANFFY und NORBERT WIENER zurück. Grundlage ist das Konzept des **Regelkreises** (vgl. Abbildung 2):

(1) Das System will einen bestimmten Zustand einhalten *(Führungsgröße).* **Beispiel:** Im Lager eines Unternehmens beträgt der gewünschte Mindestlagerbestand eines Bauteils 100 Stück. Der tatsächliche Bestand *(Regelgröße)* sei 120 Stück.

(2) Dieser stabile Zustand wird durch sich verändernde Umwelteinflüsse gestört *(Störgröße).* **Beispiel:** Ein Arbeiter entnimmt 30 Stück für die Produktion.

(3) Ein *Fühler* (Sensor) erfaßt diese Umwelteinflüsse und führt einen Soll-Ist-Vergleich durch. **Beispiel:** Der Disponent bemerkt, daß der Bestand des Bauteils 90 Stück beträgt und daß dies 10 Stück weniger als der Mindestbestand sind.

(4) Über einen *Regler* wird das *Stellwerk* des Systems so beeinflußt, daß dem Umwelteinfluß entgegengewirkt wird. **Beispiel:** Der Disponent bestellt die Baugruppe nach.

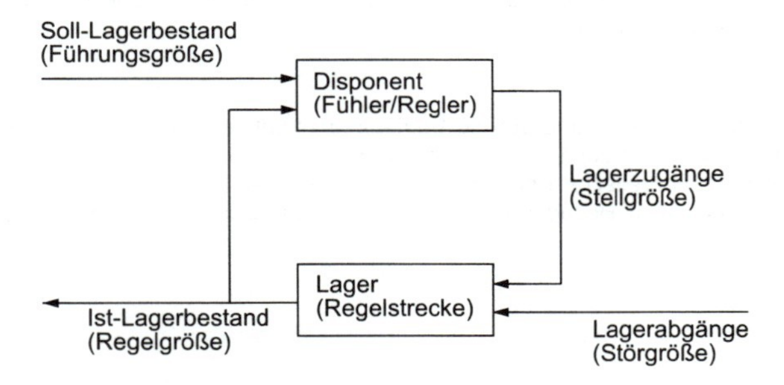

Abbildung 2. Regelkreis

Selbstregelung ist gegeben, wenn ein System ohne weitere Steuerung von außen einen bestimmten Zustand oder Wert trotz sich verändernder Umwelteinflüsse beibehalten kann. Der menschliche Körper bleibt z. B. bei Temperaturschwankungen bis minus 40º Celsius immer auf Körpertemperatur, wenn genug Nahrung und Kleidung vorhanden sind.

Lernfähigkeit ist die Fähigkeit eines Systems, aus den Daten der Vergangenheit Konsequenzen für die Zukunft zu ziehen, das heißt, die eigenen Verhaltens- und Reaktionsmuster zu verändern und anzupassen.

Die Kybernetik ermöglicht verschiedene Rückschlüsse auf das Verhalten von Gesamtsystemen. Systeme können stabil, labil und indifferent sein (vgl. Abbildung 3).

- **Stabile Systeme** kehren auch bei einer Störung immer zu ihrem Ausgangspunkt zurück.
- In **labilen Systemen** verstärkt sich die Störung, so daß sich diese auch bei einer kleinen Störung immer weiter von Ausgangspunkt entfernen.
- **Indifferente Systeme** nehmen den Impuls einer Störung auf, arbeiten ihm nicht entgegen, verstärken ihn aber auch nicht.

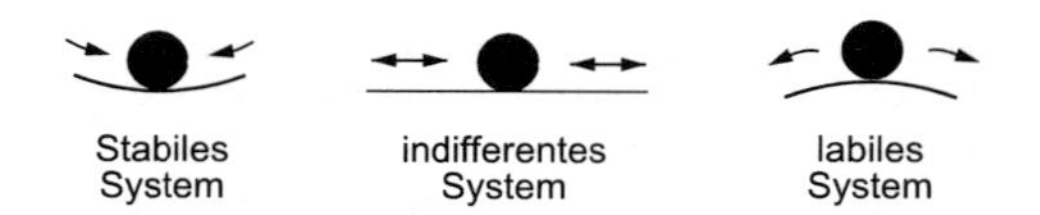

Abbildung 3. Stabile, labile und indifferente Systeme

In labilen Systemen tritt häufig eine *Rückkopplung* auf. Hierbei verstärken sich Umweltsignal und Steuerungsmaßnahme durch das System gegenseitig, so daß sich das Störsignal „hochschaukelt". Diese Art von Rückkopplung läßt sich zum Beispiel in der elektronisch verstärkten Musik beobachten: manchmal entsteht ein Pfeifen, wenn das Signal eines Musikinstrumentes durch die Anlage verstärkt wird und diese Töne wiederum das Ausgangssignal des Musikinstrumentes (z. B. das Schwingen einer Saite) verstärken.

Die Anwendung der Systemtheorie auf die Betriebswirtschaftslehre ermöglichte eine interdisziplinäre Perspektive. Es stand zunächst nicht die praktische Anwendung des Wissens im Vordergrund, sondern eine theoretische Erklärung von Wirkungszusammenhängen. Systemtheoretische Ansätze sind zumindest in Bezug auf die Betriebswirtschaftslehre in eine gewisse Sackgasse geraten.

2.5 Entscheidungsorientierte Ansätze

Die **entscheidungsorientierten Ansätze** (entscheidungslogischen Ansätze) der Organisationslehre entstanden ungefähr zeitgleich mit den systemtheoretischen Ansätzen. Auch entscheidungsorientierte Ansätze sind häufig interdisziplinär und arbeiten mit abstrakten Elementen. Im Gegensatz zum allgemeinen Erklärungsinteresse der soziologischen und systemtheoretischen Ansätze orientieren sich die entscheidungsorientierten Ansätze aber immer wieder an den konkreten Entscheidungsproblemen in der Organisation. Dies ermöglicht es, auch praktisch verwertbare Aussagen abzuleiten. Daher haben sie bis heute einen wichtigen Platz in der Betriebswirtschaftslehre. Es werden zwei Hauptrichtungen unterschieden – mathematisch-entscheidungsorientierte Ansätze und verhaltenswissenschaftliche Ansätze.

1. Die **mathematisch-entscheidungsorientierten Ansätze** (mathematisch-normativen Ansätze) geben mit Hilfe mathematischer Methoden konkrete Entscheidungshilfen für bestimmte Probleme der betrieblichen Praxis. In dieser Reihe erscheint hierzu der Buchtitel ***Entscheidungstheorie*** (vgl. Verlagsverzeichnis auf S. 67). Weitere mathematisch-entscheidungsorientierte Ansätze sind die lineare Optimierung, die nichtlineare Optimierung und die Spieltheorie:

   - Die **lineare Optimierung** umfaßt mathematische Methoden und Heuristiken (Näherungsverfahren), mit welchen komplexe Systeme linearer Gleichungen und Nebenbedingungen gelöst werden sollen. Sie liefert häufig dann gute Ergebnisse, wenn es um eher technische Probleme geht (**Beispiel:** Produktionsprogrammplanung). Sobald eine starke menschliche Komponente hinzukommt, sind aber viele Probleme mathematisch nur unzureichend faßbar.
   - Die **nichtlineare Optimierung** verwendet neben Systemen linearer Gleichungen auch Systeme nichtlinearer Gleichungen. Der mathematische Komplexität steigt dementsprechend an.
   - Die **Spieltheorie,** begründet von JOHN V. NEUMANN und OSKAR MORGENSTERN, stellt Hilfen für das Verhalten in Verhandlungssituationen bereit. Zwei Tatsachen machen diese Theorie zu einem interessanten, aber auch hochkomplexen mathematischen Theoriegebäude. Erstens können viele Zustände nur mit Hilfe der Wahrscheinlichkeitsrechnung beschrieben werden. Zweitens kann die Gegenseite in einem Spiel selber Handlungen unternehmen, so daß sich die Zahl der Umweltzustände und Optionen sehr verstärkt.

2. **Verhaltenswissenschaftlich-entscheidungsorientierte Ansätze** versuchen anhand der Entscheidungen von Individuen und der Entscheidungssituationen, in welche Individuen gestellt sind, das Verhalten in und von Organisationen zu erklären. Sie sind damit erklärende Theorieansätze. Begründer der verhaltenswissenschaftlichen Organisationstheorie waren vor allem BARNARD (1938), SIMON (1957) sowie CYERT und MARCH (1963).

   Insbesondere SIMON gab der verhaltenswissenschaftlichen Entscheidungstheorie wichtige Anstöße. Die klassische Ökonomie geht davon aus, daß die Umweltzustände und Handlungsalternativen bekannt sind und daß sich das Individuum aufgrund seiner Werte und seines Wissens eindeutig entscheiden kann. SIMON setzt gegen diese vereinfachende Annahme das Modell der **bounded rationality** (eingeschränkten Rationalität): Die Kapazitäten von Individuen, Daten aufzunehmen und zu verarbeiten, sind begrenzt. Bei vielen Handlungsoptionen lassen sich unmöglich alle Konsequenzen erkennen. Aus dieser Lage heraus haben Individuen Entscheidungsroutinen entwickelt, welche ihnen helfen, mit der komplexen Realität umzugehen:

   - *Verhaltensroutinen* ersparen es dem Individuum (und auch Organisationen), bei jeder Entscheidungssituation wieder den ganzen Entscheidungsprozeß zu durchlaufen.
   - Auch für neue Entscheidungssituationen werden oft *vereinfachende Modelle und Annahmen* verwendet, um die Komplexität des Problems in den Griff zu bekommen.
   - Individuen versuchen nicht, ihre Entscheidungen zu optimieren, weil der Aufwand hierfür zu groß wäre. Statt dessen suchen sie nach (subjektiv) befriedigenden Lösungen; sie *satisfizieren* (satisficing behaviour).

   Organisationen weisen ihren Mitgliedern Aufgaben und Entscheidungskompetenzen zu. Gleichzeitig ist das formale Element von Entscheidungen (**Beispiele:** Programme, Verfahrensrichtlinien, Routinen) bei Organisationen meist stark ausgeprägt. Allerdings können Organisationen auch lernfähige Systeme sein und ihre eigenen Verfahren und Programme im Laufe der Zeit verändern, wenn Impulse von außen oder innen dies notwendig machen.

Die einzelnen Teilnehmer einer Organisation erbringen ihren Beitrag zu den Zielen der Organisation und empfangen hierfür Anreize. Solange der Nutzen dieser Anreize größer ist als die subjektiv dem Individuum entstandenen Kosten, werden die Individuen in der Organisation bleiben. Anreize können monetärer, aber auch psychologischer Natur sein; hinzu kommt, daß Individuen satisfizieren. Der Tauschgedanke der wird also hier etwas weiter gefaßt als in der klassischen Ökonomie (vgl. ***Mikroökonomik,*** Kapitel 4). Auf Basis der Untersuchungen von SIMON sowie CYERT und MARCH ist die **Anreizbeitragstheorie** entstanden. Diese untersucht, wie durch die Gestaltung von Anreizen die Ziele einer Organisation erreicht werden können.

2.6 Institutionenökonomische Ansätze

Der **institutionenökonomische Ansatz** (Neue Institutionenlehre, Neue Politische Ökonomie) erklärt das Phänomen der Organisation aus einer ökonomischen Perspektive heraus. Er geht zurück auf COASE (1973) sowie ALCHIAN und DEMSETZ, welche die sogenannte **Property-Rights-Theorie** (Theorie der Eigentumsrechte) begründeten. In den siebziger und achtziger Jahren wurde von OLIVER E. WILLIAMSON die **Transaktionskostentheorie** entwickelt, welche als Basis für viele Überlegungen diente. In jüngerer Zeit wurde die hochkomplexe **Principal-Agent-Theorie** (Agency-Theory) entwickelt, welche das Phänomen der Delegation von Entscheidungen (in Organisationen oder auch im Markt) mathematisch-ökonomisch zu erklären versucht.

Die klassische Frage der neuen Institutionenlehre ist somit die Frage: Wann ist es günstiger, Marktmechanismen einzusetzen, und wann sind Organisationen gerechtfertigt? Informationsbeschaffung und Entscheidungsautonomie bringen Nutzen und verursachen Kosten. Zwischen Nutzen und Kosten muß eine Abwägung betrieben werden; es existiert ein Optimum an Informationsbeschaffung und Entscheidungsautonomie. Es kann daher für Individuen rational sein, sowohl das Ausmaß der Informationsautonomie als auch der Entscheidungsbeschaffung einzugrenzen, indem sie feste Beziehungen etablieren oder sich Organisationen anschließen.

Die Transaktionskostentheorie macht auch Anleihen bei der verhaltenswissenschaftlich-entscheidungsorientierten Theorie, insbesondere bei SIMON (vgl. den vorigen Abschnitt). WILLIAMSON untersucht auch **spezifische Transaktionen** (Spezifizität, asset specificity). Dies sind Aktiva oder Werte, welche ihren Wert nur innerhalb einer bestimmten Struktur entfalten können. Ein hochspezialisierter Designer von Mikrochips kann den Wert seiner Arbeitskraft zum Beispiel nur in einer Produktionsanlage für Mikrochips voll entfalten, in einem landwirtschaftlichen Betrieb nicht. Die Kenntnisse und Fähigkeiten dieses Designers sind also spezifisch. Sobald solche spezifischen Leistungsbeziehungen entstehen, stellt sich auch die Frage nach der Marktmacht. Da es keine echten Marktpreise gibt, sind Preise auch immer beeinflußt von der Marktmacht der Teilnehmer.

3 Aufbauorganisation

Im Rahmen der **Aufbauorganisation** werden zunächst die Organisationseinheiten und Hierarchiestufen erklärt (Abschnitt 3.1). Im Anschluß folgt die Darstellung der Leitungssysteme (Abschnitt 3.2) und Organisationsstrukturen (Abschnitt 3.3), der Projekt- und Teamorganisation (Abschnitt 3.4), spezieller Fragen der Aufbauorganisation (Abschnitt 3.5) sowie der Auswirkungen der modernen Informationstechnik auf die Organisation (Abschnitt 3.6).

3.1 Organisationseinheiten und Hierarchiestufen

Jedes Unternehmen setzt sich aus **Organisationseinheiten** (kurz: Einheiten) zusammen. Diese sind normalerweise hierarchisch gegliedert. Bei der Bezeichnung der Hierarchiestufen haben sich Konventionen herausgebildet, welche in der folgenden Tabelle wiedergegeben werden. Diese Bezeichnungen sind aber lediglich Richtwerte. Gesetzlich sind für die einzelnen Hierarchiestufen keine Bezeichnungen vorgegeben, so daß die Unternehmen die Bezeichnungen frei gestalten können. Eine Ausnahme sind Positionen mit Außenverantwortung, welche im Handelsgesetzbuch, Aktiengesetz oder GmbH-Gesetz definiert sind. **Beispiele:** Aufsichtsrat, Vorstand, Geschäftsführung, Prokura.

Mögliche Hierarchiestufen und zugehörige Organisationseinheiten		
Hierarchiestufe	**Zugehörige Organisationseinheit**	**Beschreibung**
Vorstand; Geschäftsführung	gesamtes Unternehmen	Leitung der gesamten Organisation
Hauptabteilungsleiter; Abteilungsdirektor	Hauptabteilung	Größere oder besonders wichtige Einheiten in Großunternehmen, z. B. Hauptabteilung „Forschung und Entwicklung“
Abteilungsleiter	Abteilung	Große Einheiten in Unternehmen, z. B. „Zentralabteilung Rechnungswesen“
Unterabteilungsleiter	Unterabteilung	Teile einer Abteilung, z. B. Unterabteilung „Controlling“
Bereichsleiter	Bereich	Bereich mit abgegrenzter Verantwortung, zumeist auch Personalverantwortung
Gruppenleiter	Gruppe	Ähnlich wie Bereich / Unterabteilung
Referatsleiter; Leiter	Referat; Sachgebiet	Kleinste Einheit mit Personalverantwortung
Mitarbeiter	Stelle	Kleinste sinnvolle Aufgabengliederung

Stellen sind die *kleinsten Organisationseinheiten mit einem abgegrenzten Aufgaben- und Kompetenzbereich für eine Person.* Sie sind damit die Bausteine oder Grundelemente der Aufbauorganisation; in ihnen werden Teilaufgaben (Elementaraufgaben) sinnvoll verbunden. Stellen werden zu größeren Organisationseinheiten zusammengefaßt, z. B. mehrere Stellen zu einem Referat. Die

Struktur dieser größeren Organisationseinheiten wird vor allem durch folgende Faktoren bestimmt: Unternehmensgröße, Aufgabenvolumen, Beherrschbarkeit und Wirtschaftlichkeit.

Eine Stelle mit Leitungsaufgaben heißt **Instanz.** Einer Instanz sind mehrere andere Organisationseinheiten untergeordnet, denen gegenüber die Instanz weisungsberechtigt ist.

> **Beispiel:** Angenommen, das Referat „Marktforschung" in einem Unternehmen besteht aus sieben Stellen mit zusammen sieben Mitarbeitern sowie dem Referatsleiter. Dann ist der Referatsleiter Marktforschung die Instanz (der Vorgesetzte) der sieben Stellen (Mitarbeiter). Mit dem Begriff „Referat Marktforschung" meint man dann die Gesamtheit aller acht Stellen: Instanz und untergeordnete Stellen, also Referatsleiter und sieben Mitarbeiter.

Die **Leitungsspanne** ist die Zahl der einer Instanz (d.h. einem Vorgesetzten) direkt unterstellten Organisationseinheiten. **Beispiel:** In obigem Beispiel beträgt die Leitungsspanne sieben. Die Leitungsspanne ist eng mit der Anzahl der Hierarchiestufen **(Gliederungstiefe)** verknüpft: Je größer die Leitungsspanne, desto kleiner ist die Gliederungstiefe; und umgekehrt.

Leitungsspanne und Gliederungstiefe sind von Unternehmen zu Unternehmen verschieden. Nach einer traditionellen Faustregel der Organisationspraxis beträgt die optimale Leitungsspanne etwa sechs bis acht. Während die Aufgliederung des Unternehmens in viele, genau definierte Stellen und Hierarchiestufen noch heute als **TAYLORismus** (vgl. S. 6 f.) bezeichnet wird, sind viele Unternehmen dazu übergegangen, radikal die Anzahl der Hierarchiestufen zu verringern sowie Stellen abzubauen und zusammenzulegen (**Lean management;** vgl. S. 9).

3.2 Leitungssysteme

Im vergangenen Abschnitt wurden die Begriffe Stelle und Instanz eingeführt. Wie können nun die Weisungsbefugnisse zwischen den Stellen geordnet sein **(Leitungssystem)?** Grundsätzlich sind drei idealtypische Systeme von Weisungsbefugnissen möglich: Einliniensystem (Abschnitt 3.2.1), Mehrliniensystem (Abschnitt 3.2.2) und Stabliniensystem (Abschnitt 3.2.3).

Das Leitungssystem regelt nur die Flüsse der Weisungen und (in umgekehrter Richtung) Vollzugsmeldungen zwischen den Stellen, nicht aber die gesamte Kommunikation zwischen den Stellen. **Beispiel:** Ein Mitarbeiter des Referats Marktforschung schickt Vollzugsmeldungen nur an seinen Referatsleiter; andere Nachrichten kann er jedoch ggf. direkt mit anderen Stellen austauschen, ohne den „Dienstweg" einzuhalten.

3.2.1 Einliniensystem

Im **Einliniensystem** (Abbildung 4) erhält jede Stelle (Person) im Unternehmen von genau einer übergeordneten Instanz Weisungen. Das gesamte Unternehmen ist also streng hierarchisch gegliedert. Damit ist das Prinzip der Einheit der Auftragserteilung verwirklicht, welches schon FAYOL 1929 gefordert hatte (vgl. S. 9).

Das Einliniensystem besticht durch seine Klarheit: Auftragswege und Verantwortlichkeiten sind klar definiert. Allerdings nur auf den ersten Blick. Denn bei vielen Entscheidungen im Unternehmen müssen mehrere Aspekte berücksichtigt werden. Wenn diese in unterschiedlichen Abteilungen angesiedelt sind, wäre die Entscheidung automatisch eine Stufe höher anzusiedeln. Dies würde aber oft die übergeordneten Instanzen überlasten. Im Ergebnis entsteht eine gewissen Schwerfälligkeit und Bürokratisierung.

> **Beispiel:** Die Einführung eines neuen Produktes erfordert die Kenntnisse der Hauptabteilungen Entwicklung, Produktion und Vertrieb. Die Entscheidungen müssen dann auf Geschäftsführungsebene getroffen werden.

In der Praxis wird das Einliniensystem vor allem angewandt bei: Klein- und Mittelbetrieben, Handwerksbetrieben, Holdinggesellschaften, öffentlichen Verwaltungen und gemeinnützigen Organisationen.

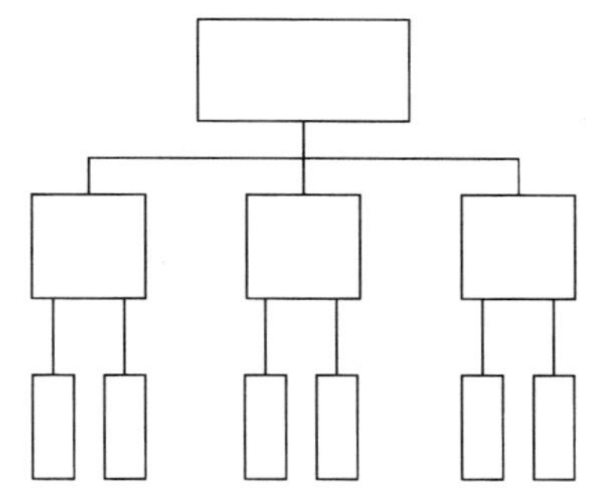

Abbildung 4. Einliniensystem

Vor- und Nachteile des Einliniensystems	
Vorteile	**Mögliche Nachteile und Gefahren**
• Klare Aufgaben- und Kompetenzabgrenzung • Eindeutige Unter-/Überstellungsverhältnisse • Einheitliche Kommunikationswege und Berichtswege • Übersichtlichkeit • Entscheidungsprozeß auf den Vorgesetzen ausgerichtet • Einfache Steuerbarkeit und Betreubarkeit der Mitarbeiter	• In größeren Unternehmen: Überlastung der Führungskräfte (es wird zuviel „nach oben" gegeben) • Zusammenarbeit und Teamwork erschwert • Schwerfälligkeit und Bürokratisierung • Geringe Entscheidungsqualität aufgrund unzureichender Spezialisierung und Vernetzung • Fördert „Beamtenmentalität" und kann Mitarbeiter demotivieren

3.2.2 Mehrliniensystem

Beim **Mehrliniensystem** (Abbildung 5) kann es vorkommen, daß eine Stelle (Person) von mehreren übergeordneten Instanzen Weisungen erhält. Der Ursprung des Mehrliniensystems liegt in TAYLORS Funktionsmeisterprinzip (vgl. S. 7). Hier waren mehrere Meister (z. B. Arbeitsverteiler, Kosten- und Zeitbeamter, Verrichtungsmeister, Prüfmeister) gegenüber dem Arbeiter in ihrem jeweiligen Spezialgebiet weisungsbefugt.

Das Mehrliniensystem hilft, das Prinzip des kürzesten Weges einzuhalten. Hierarchiestufen können eingespart werden. Die Fachkompetenz ist wichtiger als das hierarchische Denken. Allerdings entsteht auch ein hoher Kommunikationsbedarf. Zuständigkeiten, Weisungsbefugnisse und Verantwortlichkeiten können schwerer voneinander getrennt werden.

In der Praxis kommt das Mehrliniensystem als Mischform mit dem Einliniensystem vor. Dabei wird die Gesamtverantwortung jeweils einer Instanz übertragen, zusätzlich gibt es jedoch eine fachliche oder funktionale Unterstellung.

Beispiel: In einem Industrieunternehmen mit Werken an verschiedenen Standorten benötigt jedes Werk aufgrund der räumlichen Distanzen sein eigenes Personalbüro. Das Personalbüro ist dem jeweiligen Werksleiter unterstellt. Für bestimmte Fragen (z. B. arbeitsrechtliche Fragen) ist das Personalbüro zusätzlich fachlich der Personalabteilung der Hauptverwaltung unterstellt, die Spezialisten unterhält (z. B. Fachjuristen für Arbeitsrecht). Trotzdem sind die Mitarbeiter des Personalbüros disziplinarisch allein dem Werksleiter verantwortlich.

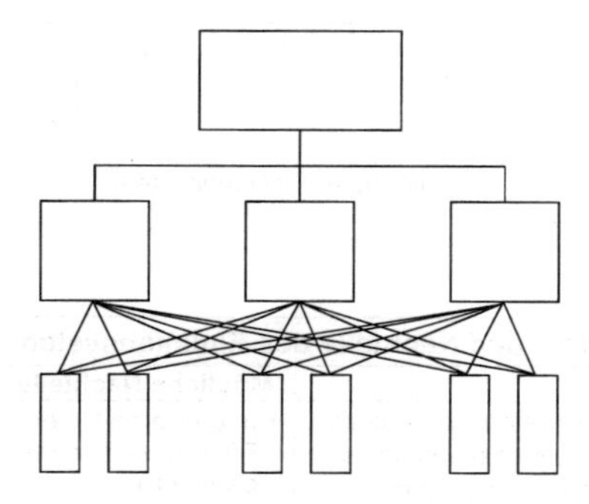

Abbildung 5. Mehrliniensystem

Vor- und Nachteile des Mehrliniensystems	
Vorteile	**Mögliche Nachteile und Gefahren**
• Weniger Hierarchiestufen • Kürzere Kommunikationswege • Bessere Entscheidungsqualität durch Einbeziehung mehrerer Aspekte • Spezialistenwissen in die Linie eingebunden	• Überkommunikation • Kompetenzstreitigkeiten • Bei schlechtem Arbeitsergebnis Zurechnung der Verantwortlichkeit erschwert • Mitarbeiter muß „mehreren Herren dienen“

3.2.3 Stabliniensystem

Das **Stabliniensystem** (Abbildung 6) ist ein durch Stäbe ergänztes Einliniensystem. **Stäbe** sind Organisationseinheiten, welche andere Organisationseinheiten beraten und unterstützen, ohne selber Entscheidungs- oder Weisungsbefugnisse gegenüber diesen zu besitzen. Entscheidungsbefugnis und Expertenwissen sind also getrennt. Es gibt vier Formen des Stabliniensystems:

- Im *Stabliniensystem mit Führungsstab* ist nur der obersten Instanz ein Stab zugeordnet; **Beispiel:** Vorstandsstab.
- Im *Stabliniensystem mit zentraler Stabsstelle* übernimmt der Stab der obersten Instanz auch Aufgaben für nachgeordnete Instanzen; **Beispiel:** zentrale Stabsstelle Controlling.
- Im *Stabliniensystem auf mehreren Ebenen* haben Instanzen auf verschiedenen Hierarchieebenen Stäbe (vgl. Abbildung 6).
- Im *Stabliniensystem mit Stabshierarchie* sind die Stäbe auf verschiedenen Ebenen hierarchisch geordnet, es entsteht ein zweiter Instanzenweg.

In der Praxis sind Stäbe weit verbreitet, vor allem bei Großunternehmen. **Beispiele:** Stab „Strategische Planung“ des Vorstands, Stab „Marktforschung“ der Marketingabteilung.

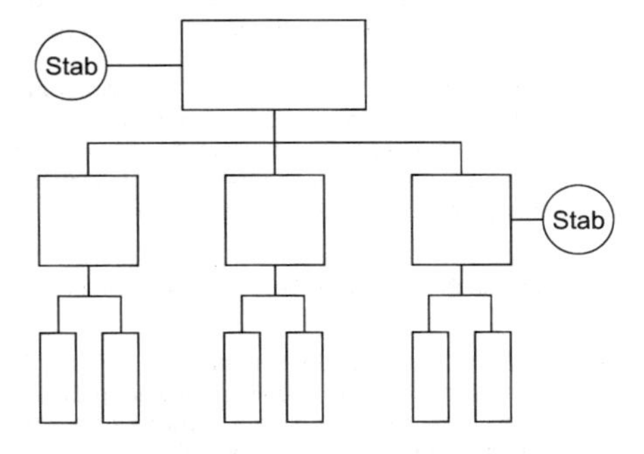

Abbildung 6. Stabliniensystem

Vor- und Nachteile des Stabliniensystems	
Vorteile	**Mögliche Nachteile und Gefahren**
• Entlastung der Führungskräfte von entscheidungsvorbereitenden Aufgaben • Bessere Entscheidungsqualität durch Einbeziehung von Spezialisten • Ausgleich von Spezialistendenken und Gesamtbetrachtung durch die Linie • Einheitlicher Instanzen- und Kommunikationsweg	• Stabsstelle kann unkontrolliert wachsen („Wasserkopf") • Stabsstelle nutzt ihr Fachwissen zu manipulativen Zwecken • Entscheidungstransparenz leidet • Frontenbildung zwischen Linienmanagern und „Technokraten"

3.3 Organisationsstrukturen

Die **Organisationsstruktur** (Organisationsform) gibt die Aufbauorganisation des Gesamtunternehmens an. Idealtypisch können die Organisationseinheiten der Ebene unterhalb der Unternehmensführung nach einem, zwei oder mehr Kriterien (Dimensionen, Prinzipien) gebildet werden:

- Bei **eindimensionalen Organisationsstrukturen** werden die Organisationseinheiten der zweiten Ebene nach <u>einem</u> Kriterium gebildet. Typische Kriterien sind *betriebliche Funktionen* (Funktionalorganisation; Abschnitt 3.3.1), *Produkte bzw. Produktgruppen* (Divisionalorganisation; Abschnitt 3.3.2) sowie *Kundengruppen* und *Absatzregionen* (Marktorganisation; Abschnitt 3.3.3). Weitere denkbare Kriterien sind z.B. *zu beschaffende (Vor-)produkte* oder *Produktionsstandorte*.

- **Zweidimensionale Organisationsstrukturen** heißen **Matrixorganisationen.** Bei ihnen werden die Organisationseinheiten der zweiten Ebene nach <u>zwei</u> Kriterien gebildet: Zwei der bei den eindimensionalen Organisationsstrukturen genannten Kriterien werden kreuzweise kombiniert. Typischerweise ist das eine Kriterium die betriebliche Funktion; als zweites Kriterium kommen Absatzregionen, Kundengruppen oder Kunden in Betracht (Markt- und Kundenmanagement; Abschnitt 3.3.4) sowie Produkte (Produktmanagement; 3.3.5).

- **Mehrdimensionale Organisationsstrukturen** heißen **Tensororganisationen.** Bei ihnen werden die Organisationseinheiten der zweiten Ebene nach <u>drei</u> oder mehr Kriterien gebildet. (Mit dem Begriff „Tensor" wurde der entsprechende Begriff aus der Mathematik für mehrdimensionale Strukturen übernommen.) Für sie gilt dasselbe wie für zweidimensionale Organisationsstrukturen; es tritt nur noch mindestens ein weiteres Kriterium hinzu.

In der Praxis werden diese idealtypischen Organisationsstrukturen oft kombiniert.

> **Beispiel:** Ein Unternehmen ist in die Hauptabteilungen Beschaffung, Produktion, Absatz und Verwaltung unterteilt (Funktionalorganisation). Die Hauptabteilung Beschaffung ist weiter untergliedert nach zu beschaffenden Vorprodukten; die Hauptabteilung Produktion nach den Standorten der Werke; die Hauptabteilung Absatz nach Kundengruppen; und die Hauptabteilung Verwaltung wieder nach Funktionen in Rechnungswesen, Finanzen, Personal und EDV.

Ein-, zwei- und mehrdimensionale Organisationsstrukturen können grundsätzlich mit den Einlinien-, Mehrlinien- und Stabliniensystemen des Abschnitts 3.2 kombiniert werden. Allerdings sind in der Praxis bestimmte Kombinationen typisch. **Beispiel:** Eine klassische Organisationsstruktur ist die Funktionalorganisation als Einliniensystem. Gäbe es noch einen Vorstandsstab, entstünde eine Funktionalorganisation mit Stabliniensystem.

Zwei- und mehrdimensionale Organisationsstrukturen sind häufig Mehrliniensysteme. Dies ist allerdings nicht zwangsläufig.

3.3.1 Funktionalorganisation

Bei der **Funktionalorganisation** werden die Organisationseinheiten der zweiten Ebene nach den betrieblichen Funktionen geordnet. Es gibt also z. B. die Hauptabteilungen Beschaffung, Produktion, Absatz und Verwaltung.

Die Funktionalorganisation ist die historisch älteste und in der Praxis wohl immer noch verbreitetste Organisationsstruktur. Sie wird auch von großen Unternehmen benutzt, wenn sie nicht oder kaum diversifiziert sind. **Beispiele:** Die Organisationsstrukturen der KAUFHOF AG und der DEUTSCHEN LUFTHANSA AG (Abbildung 7). Beide Unternehmen sind kaum diversifiziert.

Vorstand			
Einkauf	Verkauf	Organisation und Logistik	Personal und Weiterbildung

Organisationsstruktur der Kaufhof AG

Vorstand						
Vorstands-Vorsitzender	Finanzen	Personal	Marketing/ Produkt/ Entwicklung	Verkauf und Verkehr	Technik	Flugbetrieb

Organisationsstruktur der Deutschen Lufthansa AG

Abbildung 7. Funktionalorganisation der KAUFHOF AG und der DEUTSCHEN LUFTHANSA AG

Vor- und Nachteile der funktionalen Organisationsstruktur	
Vorteile	**Mögliche Nachteile und Gefahren**
• Höchstmögliche Nutzung von Größen- und Spezialisierungsvorteilen durch Losgrößenvorteile, Spezialisierung und Fixkostendegression • Gute Zugriffsmöglichkeiten durch die Unternehmensleitung • Spezialisierung und hohe funktionsbezogene Erfahrung • Geringe Gefahr von Doppelarbeit	• Zurechnung von Umsatzerlösen auf einzelne Funktionsbereiche nicht unmittelbar möglich, dadurch kaum unternehmerisches Denken auf mittleren Führungsebenen zu erwarten • Hierarchisches Denken • Bereichsdenken und Ressortegoismus • Hoher Koordinations- und Zeitbedarf bei innovativen Entscheidungen außerhalb des Tagesgeschäfts • Überlastung der Unternehmensspitze

3.3.2 Divisionalorganisation (Spartenorganisation)

Bei der **Divisionalorganisation** (Spartenorganisation) werden die Organisationseinheiten der zweiten Ebene nach den hergestellten Produkten oder Produktgruppen geordnet. Es wird also eine *Division* (Sparte, Geschäftsbereich) je Produktart oder Produktgruppe gebildet. Ein großes, komplexes Unternehmen kann so in flexiblere Divisionen mit homogenem Geschäft gespalten werden. Ein großer Vorteil ist auch die Möglichkeit, die Divisionen als Ergebniseinheiten *(Profit-Center)* zu führen, d. h. den Gewinn separat für jede Division zu ermitteln.

In der Praxis kommt die Divisionalorganisation häufig bei stark diversifizierten Großunternehmen vor. Die einzelnen Divisionen sind meist selber als Funktionalorganisation (siehe Abschnitt 3.3.1) geordnet. Ebenfalls typisch ist in der Praxis die Mischform der Divisionalorganisation mit zusätzlich vorhandenen Zentralabteilungen (mehr dazu in Abschnitt 3.5.2). **Beispiel:** Die Organisationsform der SIEMENS AG ist eine solche Mischform (Abbildung 8).

Vor- und Nachteile der divisionalen Organisationsstruktur	
Vorteile	**Mögliche Nachteile und Gefahren**
• Zielorientierung sowie gesamtheitliches und unternehmerisches Denken der Sparten • Transparenz • Direkte Ergebnisverantwortung der Divisions- oder Spartenleiter, „Management by Objectives" (DRUCKER) • Gute Führbarkeit der Sparten • Geringer Koordinationsbedarf zwischen den Sparten • Entlastung der Unternehmensspitze • Hohe Flexibilität • Identifikations- und Entfaltungsmöglichkeiten für Mitarbeiter und Führungskräfte	• Fehlende Kostendegression und Losgrößeneffekte • Spezialisierungsvorteile schlechter zu realisieren • Unternehmen tritt am Markt mit mehreren Stimmen auf • Marktmacht des Unternehmens gegenüber Lieferanten durch Zersplitterung in Sparten geschwächt • Gefahr von Doppelarbeit • Informationen von allgemeiner Bedeutung werden von einer Division nicht weitergegeben

Vorstand

Unternehmensbereiche

Zentral-abteilungen

Zentral-stellen

Anlagentechnik
Automobiltechnik
Halbleiter
Passive Bauelemente
Verkehrstechnik
Antriebs-, Schalt- und Installationstechnik
Energieerzeugung (KWU)
Medizinische Technik
Private Kommunikationssysteme
Automatisierungstechnik
Energieübertragung
Öffentliche Kommunikationsnetze
Sicherungstechnik

Finanzen
Forschung
Personal
Produktion und Logistik
Unternehmensplanung und -entwicklung

Zentralstelle Außenbeziehungen
Zentrale Berlin
Regionen Ausland

Abbildung 8. Divisionalorganisation mit Zentralabteilungen (SIEMENS AG)

3.3.3 Marktorganisation

Bei der **Marktorganisation** werden die Organisationseinheiten der zweiten Ebene nach Kundengruppen oder Absatzregionen (Regionalorganisation) geordnet.

Die Marktorganisation findet man in der Praxis vereinzelt in der Form einer Trennung von Heimatmarkt und Auslandsmarkt. **Beispiel:** Die WELLA AG ergänzt die Marktorganisation (hier: Regionalorganisation) durch Zentralbereiche und Stäbe (Abbildung 9). Das Unternehmen ist also eine Marktorganisation mit Zentralabteilung und Stabliniensystem.

Häufiger kommt die Marktorganisation bei Unternehmen vor, bei denen der Vertrieb dominiert. **Beispiel:** Abbildung 10 zeigt die Organisationsstruktur eines Unternehmens, das Versicherungen vertreibt. Es ist nach Absatzregionen organisiert (Regionalorganisation). Daneben gibt es auch hier einen Zentralbereich und Stäbe.

Vor- und Nachteile der Marktorganisation	
Vorteile	**Mögliche Nachteile und Gefahren**
• Hohe Markt- und Verkaufsorientierung • Zielvorgaben gut möglich	• Nur möglich, wenn Vertriebsaspekt die Organisation dominiert • Kurzfristige Umsatzorientierung • Produktentwicklung wird vernachlässigt

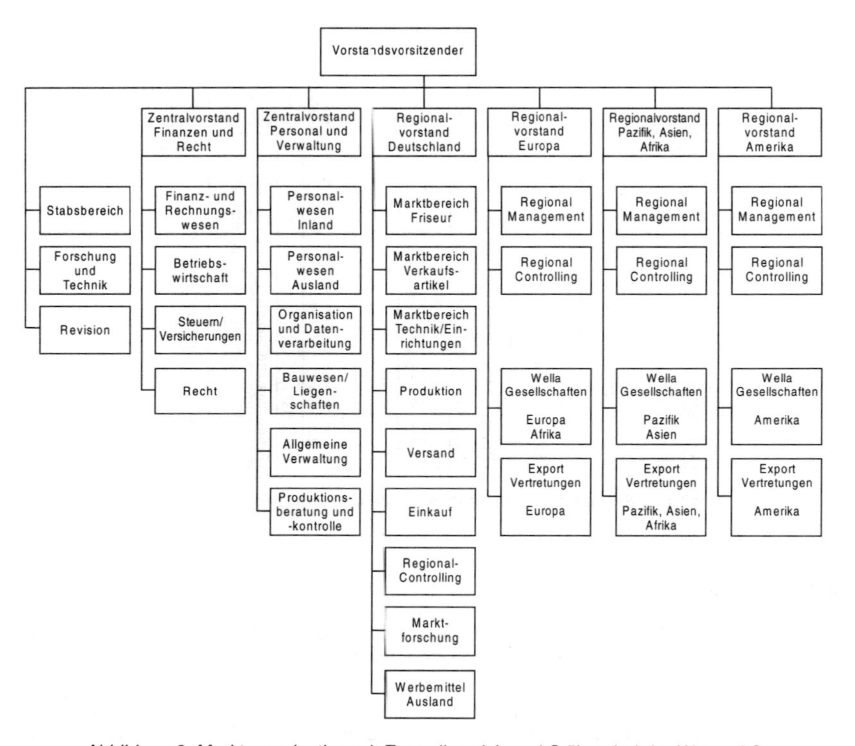

Abbildung 9. Marktorganisation mit Zentralbereich und Stäben bei der WELLA AG

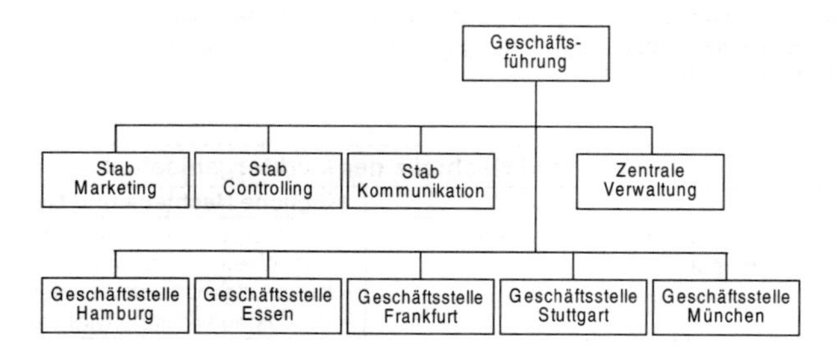

Abbildung 10. Marktorganisation, hier: Regionalorganisation mit Zentralbereich und Stäben

3.3.4 Matrixorganisation: Markt- und Kundenmanagement

Das **Marktmanagement** ist eine Form der Matrixorganisation (vgl. Abbildung 11):

- Zum einen existieren wie bei eindimensionalen Organisationsstrukturen z. B. funktional ausgerichtete Organisationseinheiten. **Beispiele:** Beschaffung, Produktion, Absatz, Finanzen, Personal, Forschung & Entwicklung.
- Zum anderen existieren auch Organisationseinheiten für Märkte (Absatzregionen). Diese Organisationseinheiten haben die Umsatz- und Kundenverantwortung. **Beispiel:** Vertrieb Nord, Vertrieb Süd, Vertrieb Ost und Vertrieb Ausland.

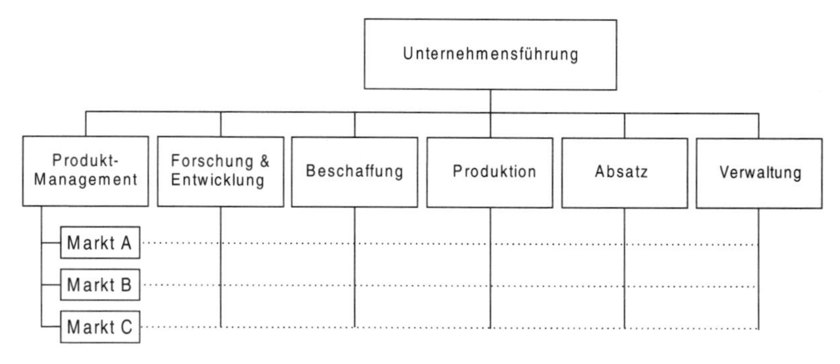

Abbildung 11. Matrixorganisation, hier: Marktmanagement

Damit soll sowohl spezifisches Markt- und Kundenwissen als auch funktionales Wissen optimal berücksichtigt werden; denn bei vielen betrieblichen Entscheidungen kommt es auf beide Dimensionen an. Allerdings entstehen auch Kommunikations- und Koordinationsprobleme, da in der Matrixorganisation nicht alle Beziehungen zwischen den Abteilungen hierarchisch strukturiert sind.

Beispiel: Der Vertriebsleiter Ausland möchte, daß ein bestimmtes Produkt entwickelt wird, um die Ansprüche ausländischer Kunden besser befriedigen zu können. Dann sind die Abteilung Vertrieb Ausland und die Abteilung Forschung & Entwicklung gleichrangig und müssen zu einem Konsens kommen. Auch z. B. zwischen Vertrieb und Produktion gibt es typische Konflikte:

Beispiele für typische Konflikte in der Matrixorganisation		
Problemfeld	**Die Vertriebsabteilungen wollen...**	**Die Produktionsabteilung will...**
Produkt-vielfalt	...möglichst viele Produkte, um die Kunden optimal bedienen zu können	...möglichst wenige Produkte, um kostengünstig produzieren zu können
Vorlauf-zeiten	...kurze Vorlaufzeiten, um schnell auf Kundenwünsche reagieren zu können	...lange Vorlaufzeiten, um optimal disponieren zu können
Standardi-sierung	...spezifische Kundenlösungen, um die Kundenwünsche bestmöglich zu befriedigen	...standardisierte Produkte, um die Produktionsabläufe vereinfachen zu können

Manche Unternehmen bewegen sich in Märkten mit nur wenigen großen Abnehmern. Diese Abnehmer haben oft eine große Marktmacht und bereiten ihre Kaufentscheidungen professionell vor. Dann kann es sinnvoll sein, Organisationseinheiten nicht für einzelne Märkte wie beim Marktmanagement, sondern für einzelne Kunden einzurichten (**Kundenmanagement,** Key account management). Jedem wichtigen Kunden *(Key account)* wird ein sogenannter *Kundenmanager (Key account manager)* zugewiesen, welcher diesem Kunden einen besonders guten Service liefern und die Handlungen des Kunden verfolgen soll.

Das Key account management wurde bereits Mitte der sechziger Jahre von IBM in die Praxis eingeführt, als sich das Unternehmen an sechzehn Abnehmergruppen aus den verschiedenen Branchen orientierte.

Vor- und Nachteile des Markt- und Kundenmanagements	
Vorteile	**Mögliche Nachteile und Gefahren**
• Marktnähe • Individualität • Flexibilität und Reaktionsfähigkeit • schnelle Informationsflüsse	• Kompetenzüberschneidungen und Kompetenzprobleme • Hang der Key account manager zu Opportunismus und nur kurzfristiger Befriedigung von Kundenbedürfnissen • Aufwendige Organisationsstruktur

3.3.5 Matrixorganisation: Produktmanagement

Das **Produktmanagement** ist ebenfalls eine Form der Matrixorganisation (vgl. Abbildung 12):

- Zum einen existieren wie bei eindimensionalen Organisationsstrukturen z. B. funktional ausgerichtete Organisationseinheiten. **Beispiele:** Beschaffung, Produktion, Absatz, Finanzen, Personal, Forschung & Entwicklung.
- Zum anderen existieren Organisationseinheiten für bestimmte Produkte. Ein *Produktmanager* bündelt die verschiedenen Unternehmensfunktionen produktorientiert und erfüllt somit eine Querschnittsfunktion.

Während bei der Divisional- oder Spartenorganisation innerhalb der einzelnen Produktsparten fast alle Unternehmensfunktionen vorhanden sind (**Beispiel:** die Sparten Nutzfahrzeuge, Personenkraftwagen und Service haben alle ein eigenes Controlling), sind beim Produktmanager viele Funktionen nur einmal für das ganze Unternehmen vorhanden. Der Produktmanager entwickelt nun Marketingpläne für sein Produkt, veranlaßt deren Durchführung, beobachtet die Marktentwicklung und schlägt gegebenenfalls Korrekturen vor.

Vorteile des Produktmanagements sind eine größeren Flexibilität und Marktnähe, die Nachteile eine größere Unübersichtlichkeit und Kompetenzabgrenzungsprobleme. Einzelne Produktmanager konkurrieren bei den Funktionsverantwortlichen, wie z. B. dem Forschungs- und Entwicklungsleiter oder dem Marketingleiter, um knappe Ressourcen. Auch die starke Identifikation des Produktmanagers mit „seinem" Produkt kann sich von einem Vorteil in einen Nachteil umkehren, wenn der Überblick über die strategische Gesamtsituation des Unternehmens gefährdet wird.

In der Praxis ist das Produktmanagement bei Markenartikelunternehmen (z. B. UNILEVER) weit verbreitet, es kommt jedoch auch bei Banken und Versicherungen vor.

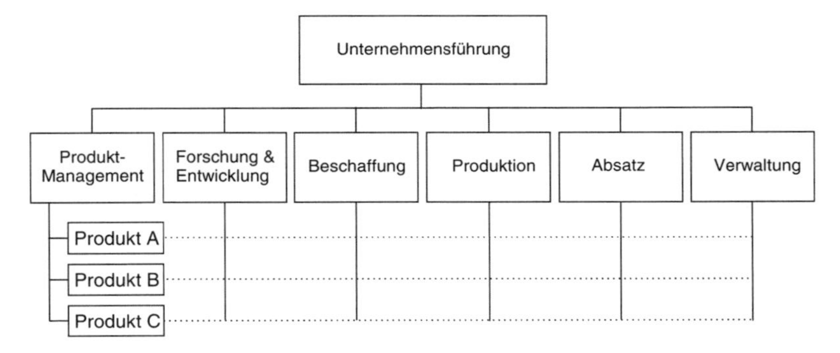

Abbildung 12. Matrixorganisation, hier: Produktmanagement

Vor- und Nachteile des Produktmanagements	
Vorteile	**Mögliche Nachteile und Gefahren**
• Marktnähe • Flexibilität und Reaktionsfähigkeit • schnelle Informationsflüsse • Koordinierung aller produktbezogenen Tätigkeiten • Spezialisierungsvorteile	• Kompetenzüberschneidungen und Kompetenzprobleme • Hang der Produktmanager zu Opportunismus und nur kurzfristiger Befriedigung von Kundenbedürfnissen • Aufwendige Organisationsstruktur

3.3.6 Tensororganisation

Die **Tensororganisation** entspricht der Matrixorganisation; es tritt lediglich mindestens ein Kriterium hinzu. Abbildung 13 zeigt eine Tensororganisation, bei der im Vergleich zu Abbildung 12 noch die Absatzregionen hinzukamen.

In der Praxis ist die Tensororganisation selten. Sie wurde bisher nur bei wenigen, weltweit operierenden Unternehmen eingeführt.

Vor- und Nachteile der Tensororganisation entsprechen denjenigen von Markt- und Produktmanagement, deren Nachteile wie Kompetenzüberschneidungen und Kompentenzprobleme sowie Aufwendigkeit der Organisationsstruktur verschärfen sich jedoch noch.

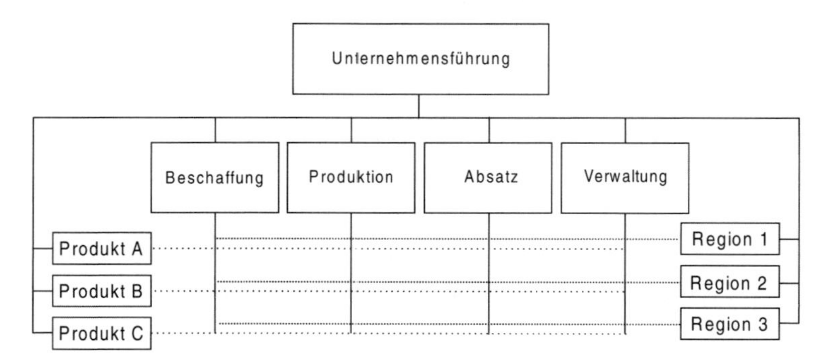

Abbildung 13. Tensororganisation

3.4 Projektorganisation und Teamorganisation

Projektorganisation ist die *Organisation einmaliger, komplexer Aufgaben als zeitlich befristetes Projekt.* Im einzelnen zeichnen sich **Projekte** durch die folgenden Punkte aus:

- *Komplexität.* Ein Projekt ist normalerweise ein komplexes Unterfangen, welches größere Zeit-, Personal-, oder Geldressourcen bindet.
- *Definierte Laufzeit.* Ein Projekt ist zeitlich befristet, da es sonst zur Daueraufgabe würde.
- *Fach- und organisationsübergreifende Projektaufgabe.* Sie betrifft normalerweise verschiedene Fachbereiche und Organisationseinheiten.
- *Bedeutung.* Die Projektaufgabe hat für das Unternehmen eine hohe Bedeutung.
- *Einmaligkeit, Innovation und Risiko.* Normalerweise ist das Projekt ist in dieser Form bislang noch nicht durchgeführt worden und damit innovativ. Dies bedingt ein gewisses Risiko.

Meistens erfolgt die Organisation eines Projektes außerhalb der „Linie", d. h. außerhalb der normalen Organisationsstruktur. Manche Unternehmen strukturieren aber fast die gesamte Organisation anhand von Projekten (vgl. Abbildung 14).

Beispiele für Projekte außerhalb der normalen Organisationsstruktur:

- Das gesamte Rechnungswesen eines Unternehmens soll innerhalb von sechs Monaten auf SAP R/3-Software umgestellt werden. Hierzu werden neben Mitarbeitern des Rechnungswesens auch Mitarbeiter aus anderen Abteilungen sowie ein externes Beratungsunternehmen engagiert. Für das Projekt wird ein Mitarbeiter als Projektleiter aus der Linie freigestellt.
- Ein kleineres Unternehmen will ein neues Produkt entwickeln. Dies bindet erhebliche Ressourcen. Das Projekt wird direkt dem Geschäftsführer unterstellt.

Beispiele für Projekte innerhalb der normalen Organisationsstruktur:

- Beratungsunternehmen, z. B. GEMINI CONSULTING, haben unterhalb der Geschäftsführungsebene oft nur einen Mitarbeiterpool. Diese Mitarbeiter haben zwar einen Vorgesetzten, welcher für sie die Personalverantwortung trägt, aber die Mitarbeiter sind fast ausschließlich auf Projekten eingesetzt, wo sie auch viel für andere Projektleiter arbeiten.
- Im Großanlagenbau wird auch der Bau einer Anlage oft als Projekt definiert.

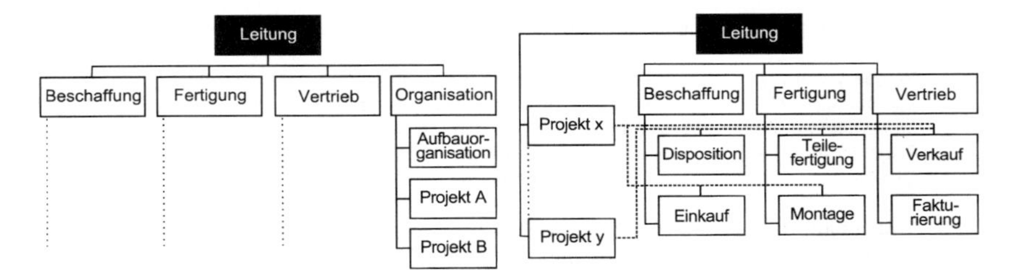

Abbildung 14. Projekte innerhalb der Linie (links) und außerhalb der Linie (rechts)

Der Begriff Projektorganisation kann auf zweierlei Weise verstanden werden. Zum einen steht er für eine bestimmte *Aufbaustruktur*. Daneben steht er für eine bestimmte *Ablaufstruktur* mit verschiedenen Phasen, welche hier ebenfalls geschildert werden soll.

- Der **Aufbau eines Projektes** umfaßt meistens die Organisationseinheiten Projektaufsicht, Projektleitung, Projektteam und Projektcontroller:
  1. Die **Projektaufsicht** (Projektlenkung) kann aus einer Person oder einem Gremium bestehen. Sie nimmt wichtige Zwischenergebnisse und Ergebnisse des Projektes ab und trifft grundlegende Richtungsentscheidungen, arbeitet selber aber nicht beim Projekt mit.
  2. Die **Projektleitung** koordiniert die Projektarbeit und trifft die operativen Entscheidungen. Es hat sich bewährt, die Projektleitung möglichst in einer Hand zu belassen, mit einer Ausnah-

me: Bei Projekten, welche durch externe Beratungsunternehmen unterstützt werden, gibt es oft einen internen und einen externen Projektleiter. Bei großen Projekten kann es auch Teilprojekte und Leiter dieser Teilprojekte geben, welche dem Projektleiter unterstellt sind.

3. Das **Projektteam** (Projektgruppe) erledigt die Projektarbeit. Es Team kann unternehmensintern oder unternehmensextern (Unternehmensberatung) oder durch eine Mischung interner und externer Personen besetzt sein. Die Mitarbeiter des Projektteams sollten normalerweise überwiegend oder mit einen bedeutenden Arbeitsanteil für diese Aufgabe freigestellt sein. Ist dies nicht gegeben, d. h. erfolgt die Arbeit fast ausschließlich neben der normalen Tagesarbeit, sollte nicht von einer Projektgruppe im engeren Sinne gesprochen werden.

4. **Projektcontroller.** Der Projektcontroller ist eine von der Projektleitung unabhängige Instanz, welcher vor allem bei größeren Projekten vorkommt und der Projektaufsicht oder -lenkung über die Erreichung von Zwischenzielen und Zielen sowie den Verbrauch von Ressourcen und die Einhaltung von Budgets berichtet.

- Der **Ablauf eines Projekts** umfaßt normalerweise fünf Phasen: Projektauslösung, Projektplanung, Entscheidung über die Projektdurchführung, Projektdurchführung und Projektcontrolling.

1. **Projektauslösung.** Am Anfang eines Projektes stehen ein Problem oder eine zu lösende Aufgabe. Aufgrund der vorläufigen Analyse des Problems oder der Aufgabe wird ein Projekt definiert. In die Projektdefinition fließen ein die durchzuführenden Aufgaben, (grob) die benötigten Ressourcen und die Projektziele.

2. **Projektplanung.** Hier werden die zu lösenden Einzelaufgaben, die Projektabläufe, die einzusetzenden Ressourcen, Kosten, Termine und Meilensteine genauer geplant. Der Begriff *Meilenstein* (Milestone) bezeichnet ein bedeutendes Zwischenergebnis des Projekts. Bei der Projektplanung können Planungstechniken wie z. B. die *Netzplantechnik* eingesetzt werden. Oft wird eine Projektplanungssoftware verwendet.

3. **Entscheidung über die Projektdurchführung.** Eine erste Entscheidung über das Projekt erfolgte bereits in der ersten Phase (Projektauslösung). Häufig wird während oder nach der Projektplanung noch einmal eine Entscheidung über die Projektdurchführung getroffen. Dabei können Bewertungsmethoden wie z. B. die *Nutzwertanalyse* eingesetzt werden.

4. **Projektdurchführung.** Sie wird normalerweise in *Teilprojekte* und einzelne *Projektschritte* aufgespalten.

5. **Projektcontrolling.** Insbesondere bei größeren Projekten wird ein eigenes Berichtswesen und Controlling für das Projekt eingerichtet. Das Controlling erfolgt kontinuierlich während der Laufzeit des Projekts.

Vor- und Nachteile der Bildung von Projekten	
Vorteile	**Mögliche Nachteile und Gefahren**
• Gemeinsame Verantwortung mehrerer Organisationseinheiten • einfache Koordination • Einbindung von Spezialisten • Einbindung von externem Personal (Unternehmensberater) • Hierachie- und organisationseinheitenübergreifender Einsatz von Personal • Flexibilität • Kreativität	• Gefahr von Kompetenzstreitigkeiten • Projektgruppe wird als Vehikel für Streitigkeiten zwischen Organisationseinheiten verwendet • Koordinierungsprobleme in sehr großen Projektgruppen • Konflikte zwischen Projektgruppe und Linie • Karrierenachteile für Mitarbeiter, welche aus ihrer normalen Verwendung herausgelöst werden

Die **Teamorganisation** ist eine *vernetzte Organisation einzelner Teams.* Die einzelnen Organisationseinheiten funktionieren als Teams. Sie können einen Teamleiter haben oder nach dem Konsensprinzip arbeiten. Mitglieder in einem Team sind oft auch Mitglieder in anderen Teams, so daß eine vernetzte Organisation entsteht. Damit soll die Partizipiations- und Kommunikationsintensität sowie die Flexibilität einer Organisation erhöht werden. Gleichzeitig werden aber unter Umständen Routineaufgaben und -entscheidungen erschwert.

Die Teamorganisation ist ein recht unbestimmter Begriff geblieben. **Beispiel:** Haben die Teams einen Leiter, der sie gleichzeitig in übergeordneten Teams vertritt, werden die Unterschiede zwischen Teamorganisation und normaler Linienorganisation recht gering. Kommunikation und Teamarbeit läßt sich nicht durch Strukturen erzwingen. Die Frage der Teamarbeit ist also nicht so sehr eine Frage der Aufbau- oder Ablauforganisation, sondern eher eine Frage der *Organisationskultur.*

3.5 Spezielle Fragen der Aufbauorganisation

In diesem Abschnitt werden drei spezielle Fragen der Aufbauorganisation behandelt: die Organisation der Unternehmensleitung, die Gestaltung der Zentralbereiche eines Unternehmens und die Auswirkungen der Globalisierung auf die Organisation.

3.5.1 Organisation der Unternehmensleitung

Eine spezielle Frage der Aufbauorganisation ist, wie die Unternehmensleitung organisiert werden soll. Die Unternehmensleitungen großer börsennotierter Gesellschaften, aber auch anderer Unternehmen müssen die unterschiedlichen, zum Teil widersprüchlichen Interessen verschiedener Interessengruppen koordinieren. Interessengruppen sind unter anderem Eigentümer, Mitarbeiter, Management, Staat und die Öffentlichkeit.

1. Die **Eigentümer** sind in der Regel an einer guten Verzinsung des eingesetzten Kapitals interessiert und haben Interesse daran, daß das Unternehmen so effizient wie möglich am Markt

operiert. In einem Familienunternehmen können aber auch andere Interessen, wie z. B. die Kontinuität des Unternehmens, sehr wichtig sein.

2. Die **Mitarbeiter** sind primär an guter Entlohnung, guten Arbeitsbedingungen, Arbeitsplatzsicherheit und einer guten Unternehmenskultur interessiert.

3. Das **Management** (gemeint ist auch das Management unterhalb der Unternehmensleitung) wünscht wie die Eigentümer den unternehmerischen Erfolg. Anders als bei den Eigentümern steht aber nicht immer die Eigenkapitalverzinsung im Vordergrund. Auch die Maximierung des eigenen Gehalts und das Erwerben prestigeträchtiger Positionen können für das Management sehr wichtig werden. Mit der Problematik der Delegation von Eigentümerinteressen auf das Management beschäftigt sich die *Principal-Agent-Theorie* (vgl. S. 16). Die *Shareholder-Value*-Diskussion führt zunehmend dazu, die Verzinsung des eingesetzten Eigenkapitals als verbindlichen Maßstab für die Leistungen des Managements festzulegen.

4. Der **Staat** hat ein Interesse daran, daß das Unternehmen die Gesetze des Staates (**Beispiele:** Umweltschutzauflagen, Waffenexportverbote) beachtet und Steuern zur Aufrechterhaltung der staatlichen Aktivität zahlt.

5. Auch die **Öffentlichkeit** ist an Vorgängen in Unternehmen interessiert. Häufig tritt dieses Interesse erst bei Skandalen oder Auseinandersetzung richtig zum Vorschein. **Beispiele:** ROYAL DUTCH SHELL und die geplante Versenkung der BRENT-SPAR-Ölplattform, EXXON und das EXXON-VALDEZ-Tankerunglück vor Alaska.

Bestimmte Aspekte der Unternehmensleitung hat der Gesetzgeber geregelt. Für Aktiengesellschaften sind im *Aktiengesetz* bestimmte Strukturen der Unternehmensleitung vorgegeben: Danach vertritt der **Aufsichtsrat** die Eigentümerinteressen und überwacht den Vorstand, der **Vorstand** leitet die Geschäfte der Gesellschaft. Bei Gesellschaften mit beschränkter Haftung (GmbH) kann neben der **Geschäftsführung** ein sogenannter **Beirat** etabliert werden, welcher dem Aufsichtsrat ähnliche Aufgaben wahrnimmt. Weitere leitungsrelevante gesetzliche Regelungen für Aktiengesellschaft, GmbH und andere Gesellschaftsformen sind im *Handelsgesetzbuch* und im *Mitbestimmungsgesetz* festgelegt.

Die Struktur des für die Unternehmensleitung verantwortlichen Leitungsorgans (Vorstand, Geschäftsführung) kann anhand von zwei Dimensionen unterschieden werden: dem Status der Mitglieder und der Form der Arbeitsteilung.

1. **Status der Mitglieder im Leitungsorgan.** Beim *Kollegialprinzip* sind die Mitglieder gleichberechtigt. Beim *Direktorialprinzip* gibt es einen „Chef", dem die anderen zuarbeiten.

2. **Form der Arbeitsteilung im Leitungsorgan.** Beim Prinzip der *Portefeuillebindung* werden Entscheidungskompetenzen nicht individuell zugeordnet, es gibt also keine horizontalen Kompetenzabgrenzungen. Beim Prinzip der *Ressortbindung* (Ressortprinzip) werden Organmitgliedern individuelle Entscheidungskompetenzen für abgegrenzte Sachbereiche zugewiesen.

<table>
<tr><td colspan="2"></td><td colspan="2">Status der Mitglieder im Leitungsorgan</td></tr>
<tr><td colspan="2"></td><td>Kollegialprinzip</td><td>Direktorialprinzip</td></tr>
<tr><td rowspan="2">Form der Arbeitsteilung im Leitungsorgan</td><td>Portefeuille-bindung</td><td>1. Sprechermodell</td><td>3. Stabsmodell</td></tr>
<tr><td>Ressort-bindung</td><td>2. Modell der Personalunion</td><td>4. Hierarchiemodell</td></tr>
</table>

Die Kombination beider Dimensionen führt zu den folgenden vier Modellen der Organisation der Unternehmensleitung, dargestellt für den Fall der Aktiengesellschaft:

1. Beim **Sprechermodell** existiert ein *Vorstandssprecher*, welcher die vom Vorstand zu allen wichtigen Fragen gemeinsam gefaßten Entscheidungen vertritt.
2. Im **Modell der Personalunion** nehmen Vorstandsmitglieder Führungsaufgaben in einzelnen ihnen zugewiesenen Bereichen oder Vorstandsressorts selbständig wahr, treffen aber gleichzeitig die wichtigen Entscheidungen gemeinsam.
3. Im **Stabsmodell** arbeiten die Mitglieder des Leitungsgremiums dem Unternehmenschef entscheidungsvorbereitend zu, während dieser alle wichtigen Entscheidungen trifft. Dieses Modell läßt sich häufig in amerikanischen Unternehmen finden, wo im Gegensatz zu deutschen Unternehmen das Kollegialprinzip so gut wie gar nicht angewendet wird.
4. Das **Hierarchiemodell** kommt schließlich der klassischen Linienorganisation sehr nahe. Der Unternehmenschef delegiert bestimmte Aufgaben nach dem Ressortprinzip an die Mitglieder des Leitungsgremiums. Diese nehmen ihm viele Entscheidungen ab und leiten nur die „Chefsachen" an den Chef weiter.

3.5.2 Organisation der Zentralbereiche

Man unterscheidet Geschäftsbereiche und Zentralbereiche.

- **Geschäftsbereiche** (Unternehmensbereiche, operative Bereiche) sind diejenigen Bereiche, in welchen das eigentliche Geschäft der Unternehmung durchgeführt wird.
- **Zentralbereiche** *bündeln bestimmte Funktionen direkt bei der Unternehmensleitung;* diese Funktionen sind vom operativen Geschäft entfernt.

Im Zuge der Entstehung von Großunternehmen wuchsen auch zunehmend die Zentralbereiche von Unternehmen heran. Zentralbereiche sind dann sinnvoll, wenn sich bestimmte Aufgaben effizienter zentral wahrnehmen lassen. **Beispiel:** zentrale Buchhaltung. Zentralbereiche können für das Unternehmen auch aus führungs- und informationstechnischen Gründen sinnvoll sein. **Beispiele**: zentrale Personalabteilung, zentrales Controlling.

Zentralbereiche können weitgehend unabhängig von der Organisationsstruktur der operativen Bereiche gestaltet werden. **Beispiel:** Siehe Abbildung 8 auf S. 25. Allerdings ergeben sich die wenigsten Probleme bei einer Funktionalorganisation: hier sind die einzelnen Organisationseinheiten sowieso nach Funktionen geordnet, so daß Zentralbereiche sich faktisch kaum von anderen Bereichen unterscheiden. **Beispiel:** Siehe Abbildung 7 auf S. 23. Es wird zwischen sechs Organisationsformen der Zentralbereiche unterschieden: dem Kernbereichsmodell, dem Richtlinienmodell, dem Matrixmodell, dem Servicemodell, dem Stabsmodell und dem Autarkiemodell.

Verschiedene Möglichkeiten für die Organisation der Zentralbereiche		
Zentralbereichsmodell	**Eigenschaften**	**Einfluß der Geschäftsbereiche**
Kernbereichsmodell	Die entsprechende Funktion wird ganz aus den operativen Geschäftsbereichen ausgelagert und ausschließlich zentral ausgeführt	Sehr gering. **Beispiel:** zentrales Controlling.
Richtlinienmodell	Die entsprechende Funktion wird teilweise im Zentralbereich und teilweise in den Geschäftsbereichen ausgeführt. Der Zentralbereich hat aber Richtlinien- und Weisungsbefugnis gegenüber den operativen Einheiten	Gering. **Beispiel:** zentrales Controlling und Bereichscontroller mit Weisungsbefugnis des zentralen Controllings
Matrixmodell	Die entsprechende Funktion wird teilweise im Zentralbereich und teilweise in den Geschäftsbereichen ausgeführt. Zentralbereich und operative Einheiten sind nur gemeinsam entscheidungsberechtigt	Höher. **Beispiel:** zentrales Controlling und Bereichscontroller mit gemeinsamer Entscheidungsfindung
Servicemodell	Die entsprechende Funktion wird im Zentralbereich ausgeführt. Die Geschäftsbereiche sind allerdings in grundsätzlichen Dingen weisungsbefugt und entscheiden, welche Leistungen sie „beziehen" wollen	Hoch. **Beispiel:** zentrale Controlling-Einheit mit Weisungskompetenz der Geschäftsbereiche
Stabsmodell	Die entsprechende Funktion wird in den Geschäftsbereichen und zu einem Teil im Zentralbereich als Stab ausgeführt. Der Zentralbereich bereitet Entscheidungen vor und unterstützt so die Geschäftsbereiche. Die Entscheidungskompetenz liegt allein bei den Geschäftsbereichen.	Sehr hoch. **Beispiel:** dezentrale Bereichscontroller mit Weisungskompetenz der Geschäftsbereiche. Controlling-Spezialisten für Einzelfragen im Zentralbereich
Autarkiemodell	Die Aufgabe wird vollständig von den operativen Einheiten und Geschäftsbereichen wahrgenommen.	Völlige Autarkie. **Beispiel:** Holdinggesellschaft mit völlig dezentralisiertem Controlling

Beispiel (Kernbereichsmodell/Richtlinienmodell): In produktionsorientierten Unternehmen werden bestimmte Bereiche häufig als Kernbereiche oder Bereiche mit Richtlinienkompetenz gestaltet. So hat z. B. die DAIMLERCHRYSLER AG ein Kernbereichs-/Richtlinienmodell für die Bereiche Finanzen/Controlling, Personal und Forschung/Technik.

Beispiel (Matrixmodell): In vielen großen Unternehmen, so z. B. bei der ALLIANZ VERSICHERUNGS-AG, ist der Personalbereich nach dem Matrixmodell organisiert. Personalentscheidungen werden nur dann getroffen, wenn sowohl der Zentralbereich als auch die Geschäftsbereiche zustimmen.

Beispiel (Servicemodell/Stabsmodell): In marketingorientierten Unternehmen oder in dynamischen und sich rasch verändernden Branchen ist häufig ein Service- oder Stabsmodell realisiert. So ist z. B. die Zentrale Unternehmensentwicklung der BERTELSMANN AG teilweise nach diesem Prinzip organisiert: hier werden den einzelnen Geschäftsbereichen vom Zentralbereich Beratungsdienstleistungen angeboten.

Beispiel für Autarkiemodell: In reinen Holdinggesellschaften ist oft das Autarkiemodell realisiert. Die INDUS AG ist z. B. eine Holdinggesellschaft für verschiedene Industrieunternehmen, welche völlig autonom in ihrem Märkten agieren. Die Holding ist eine reine Finanzholding, welche lediglich den Erfolg der einzelnen autarken Unternehmen beobachtet.

3.5.3 Auswirkungen der Globalisierung auf die Organisation

Seit ca. 20 Jahren ist zunehmend von der *Globalisierung der Märkte* die Rede. So redet KENICHI OHMAE davon, daß Unternehmen in der heutigen Weltwirtschaft nur noch bestehen können, wenn sie in mindestens zwei der drei Märkte der Triade USA – Europa – Japan präsent sind. Auch für mittelständische Unternehmen kommt es zunehmend darauf an, daß sie in einen bestimmten spezialisierten Marktsegment weltweit führend sind (HERMANN SIMON).

Die Globalisierung fordert Unternehmen gleich zweifach heraus: Zum einen müssen vor allem bei Unternehmen mit global integrierter Produktion oder Leistungsverflechtung darauf achten, daß die Abläufe auch über die Regionen hinweg möglichst koordiniert und abgestimmt sind. Zum anderen müssen Unternehmen aber auch dezentral arbeiten, um sich den lokalen Marktgegebenheiten optimal anzupassen.

Die Internationalisierung von Unternehmen schreitet häufig in drei Stufen von der autonomen ausländischen Tochtergesellschaft über die Schaffung einer internationalen Division bis hin zu globalen Strukturen voran:

1. **Autonome ausländische Tochtergesellschaften.** In vielen Fällen begannen Unternehmen ihre Internationalisierung damit, daß autonome ausländische Tochtergesellschaften aufgebaut oder fremde Gesellschaften gekauft wurden. Die Geschäftsführer dieser Gesellschaften mußten sich oft als „Pioniere" in einem fremden Umfeld durchsetzen und erhielten weitreichende Entscheidungskompetenzen und Autonomie.

2. **Internationale Division.** In einer zweiten Stufe gründeten viele Unternehmen eine internationale Abteilung, um die internationalen Erfahrungen besser im Konzern zu nutzen, Synergien zu realisieren und die Töchtergesellschaften besser zu steuern.

3. **Globale Strukturen.** In wirklich globalen Strukturen besteht kein prinzipieller Unterschied zwischen Inlands- und Auslandsaktivitäten mehr. Globale Strukturen treten am häufigsten in den folgenden Varianten auf:

   - *Weltweit operierende Produktdivisionen.* Dies ist eine einheitliche Spartenorganisation für die ganze Welt. Dieser Organisationsstruktur liegt der Gedanke zugrunde, daß in wirklich globalen Märkten ein Produkt oder eine Marke einheitlich geführt werden sollte. Außerdem können Losgrößenvorteile und Skaleneffekte realisiert werden. Unternehmen mit integrierten Leistungsverflechtungen müssen eine stärkere zentrale Koordination wählen, was automatisch zu einer gewissen Einschränkung der Autonomie der Landesgesellschaften führt. Diese Einschränkung darf allerdings nicht zu weit gehen, da dann zunehmend die Motivationseffizienz der Struktur in Frage gestellt und das schnelle Agieren am Markt gefährdet wird. Aber auch hier eröffnet das Business Reengineering (vgl. S. 7; siehe auch die nächste Seite) neue Möglichkeiten. Global einheitliche Informationssysteme, Programme und Netze erlauben, viele Abläufe und Arbeiten ohne großen Koordinationsaufwand oder viele Weisungen aufeinander abzustimmen.

- *Gebiets- oder Regionaldivisionen.* Jedes Land oder jede Region trägt eine Zentrale die Umsatz- und Erfolgsverantwortung. Dieses Modell bietet sich an, wenn die Marketing-Funktion wesentlich bedeutender als die Produktion im eigentlichen Sinne ist. **Beispiel:** In der Medienbranche hat die BERTELSMANN AG ein solches Modell verwirklicht, da es sehr schwer wäre, z. B. die Aktivitäten der zu BERTELSMANN gehörenden französischen Zeitschriftenverlage von Gütersloh aus zu steuern.
- *Internationale Matrixstrukturen.* Matrixstrukturen sollen schließlich sowohl die Vorteile von Losgrößeneffekten und funktionaler Spezialisierung als auch die Vorteile der genauen Marktkenntnis vereinen. Allerdings sind Matrixorganisationen immer schwer zu steuern und sehr kommunikationsintensiv. Diese Probleme verstärken sich noch durch die internationale Dimension.

3.6 Auswirkungen der Informationstechnik auf die Organisation

Seit den sechziger Jahren hat die Informationstechnologie einen zunehmenden Einfluß auf die Unternehmenswelt und die Organisation von Arbeitsabläufen. Diese Entwicklung vollzog sich in mehreren Schritten:

1. **Ca. 1960–1970: Erleichterung mechanischer Tätigkeiten.** Computer lösten das Lochkartenverfahren ab und wurden dort eingesetzt, wo es darum ging, große Mengen von Zahlen zu verarbeiten, z. B. in der Buchhaltung.

2. **Ca. 1970–1980: Automatisierung vieler Routinevorgänge.** Die erhöhte Rechenkapazität Jahren ermöglichte, immer mehr Routinevorgänge zu automatisieren. **Beispiele:** Lohnabrechnung, Personalstatistik. Zunehmend wurden *Terminals* (Eingabe- und Datensichtgeräte in Form eines Bildschirms und einer Tastatur ohne eigene Rechenkapazität) bei einzelnen Sachbearbeitern eingesetzt, welche mit dem *Mainframe* (Hauptcomputer) verbunden waren. Durch diese Konfiguration beeinflußte die Informationstechnik erstmals viele Arbeitsabläufe auch außerhalb der Zentralbereiche. Es bestanden auch Hoffnungen, immer mehr Planungsvorgänge und strategische Analysen auf Computer übertragen zu können.

3. **Seit ca. 1980: Einsatz der Personal Computer** (PCs). Damit konnte der einzelne Sachbearbeiter auch Anwendungen benutzen und Programme schreiben, welche für seinen Arbeitsplatz spezifisch waren. Dies führte aber oft zu einer Vielzahl von Lösungen, die nicht miteinander verbunden werden konnten (Insellösungen, nicht kompatible Lösungen).

4. **Seit ca. 1985: Vernetzung von Computersystemen.** Vernetzt wurden sowohl die einzelnen PCs miteinander als auch die PCs mit einem Mainframe (*Client-Server-Architektur*). Hierbei können die Computer eines Unternehmens Daten miteinander austauschen, was die Prozesse

im Unternehmen erheblich erleichtert. *Vernetzte Arbeitsplätze* bestehen aus einer Dialog-, Datenbank-, Modellbank- und Kommunikations-Komponente (vgl. Abbildung 15):

- Die *Dialog-Komponente* ist die Schnittstelle zwischen Benutzer und computergestütztem Informationssystem. Hier gibt der Benutzer Daten ein und kann die Ausgaben und Produkte des Computersystems entgegennehmen. **Beispiele:** traditionell Bildschirm, Drucker, Tastatur; neuerdings auch z. B. Scanner, Spracherkennungssoftware.
- Die *Datenbank-Komponente* enthält die für den Entscheidungsprozeß relevanten Daten in einer Datenbank und ist ggf. mit weiteren externen Datenbanken vernetzt. Datenbanken können hierarchisch, netzartig oder relational aufgebaut sein. *Hierarchische Datenbanksysteme* bestehen aus einer festgelegten Struktur mit immer weiteren Verzweigungen. Sie sind damit sehr unflexibel, wenn sie programmiert sind. Heute setzen sich zunehmend die flexibleren *relationalen Datenbanksysteme* durch, bei denen Daten durch gemeinsame Eigenschaften gekennzeichnet sind. **Beispiel:** Festplatte eines PC, auf der Produktionsdaten gespeichert sind.
- Die *Modellbank-Komponente* stellt Modelle und Lösungsmethoden zur Verarbeitung der Daten der Datenbank-Komponente bereit. Sie dient der Generierung, der Bewertung und dem Vergleich unterschiedlicher Alternativen sowie der Kontrolle getroffener Entscheidungen anhand von Soll-Ist-Vergleichen. **Beispiel:** Ein PC-Programm, das die Produktionsplanung anhand der Produktionsdaten des letzten Beispiels durchführt.
- Die *Kommunikations-Komponente* ermöglicht den Datenaustausch mit anderen Computern, Datenbanken oder Informationssystemen (Vernetzung). **Beispiele:** Modem oder Netzwerkkarte mit entsprechender Software, z. B. TCP/IP-Netzwerkprotokollen.

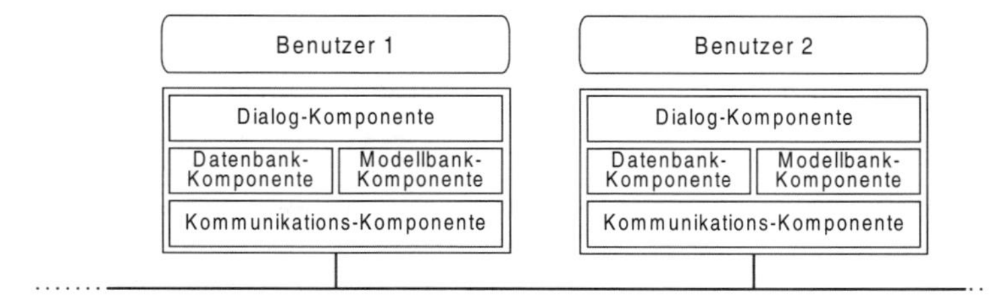

Abbildung 15. Vernetzte Arbeitsplätze

5. **Seit ca. 1990: Standortübergreifende Vernetzung von Computersystemen.** Das *Internet* einschließlich elektronischer Post *(E-Mail)* vereinfacht die Möglichkeit für einzelne Nutzer, direkt mit Nutzern an anderen Standorten zu kommunizieren oder auf eine gemeinsame weltweite Datenbasis zurückzugreifen.

6. **Seit ca. 1990: Business Reengineering.** Zunehmend wird Software zur Analyse und Abbildung von Arbeitsvorgängen im Unternehmen entwickelt. Diese Software (z. B. *Case Tools*) erleichtert es, Geschäftsprozesse zu analysieren und mit Hilfe moderner Datentechnik zu reorganisieren. Die globale Integration von Geschäftsprozessen mit moderner Informationstechnologie ist ein starker Wachstumsmarkt für Beratungsunternehmen. Marktführer für diese Form des Business Reengineering sind u.a. ANDERSEN CONSULTING, ERNST & YOUNG, PRICE

WATERHOUSE, DELOITTE & TOUCHE, Software-Marktführer ist SAP. Für kleinere Projekte gibt es Standardsoftware, welche es einzelnen Personen ermöglicht, rund um den Erdball zeitlich unabhängig voneinander an einem Projekt zu arbeiten (z. B. LOTUS NOTES).

Beispiel: Die FORD MOTOR COMPANY unterhält Entwicklungszentren in Dearborn, USA und Köln. Ein Produktionsingenieur in den USA kann Modellvarianten am Bildschirm verändern, sein Kölner Kollege sieht dies simultan in Köln und kann es kommentieren. Die Arbeit kann auch sequentiell erfolgen, so daß der amerikanische Kollege dann mit der Arbeit beginnt, wenn sein Kölner Kollege aufgehört hat. Die globale Vernetzung erfolgt also direkt während des Arbeitsprozesses und nicht in einem nachgelagerten Koordinationsprozeß. Dies spart erhebliche Ressourcen. Für die Beschlußreife des MONDEO benötigten die FORD-Konstrukteure noch zwei Monate und 20 internationale Arbeitskonferenzen, für den TAURUS, den ersten Wagen welcher nach der neuen Methode entworfen wurde, benötigte man noch 15 Arbeitstage und 3 internationale Konferenzen.

7. **Seit ca. 1990: Standort- und unternehmensübergreifende Vernetzung.** Die Evolution der Unternehmensnetze geht weiter (Abbildung 16): Zunehmend werden auch Netze zwischen Unternehmen und ihren Kunden oder Zulieferern aufgebaut. Diese Netze haben die Funktion eines Nervensystems für das ganze Geschäftssystem (vgl. hierzu den Titel ***Logistik,*** welcher ebenfalls in dieser Reihe erscheint).

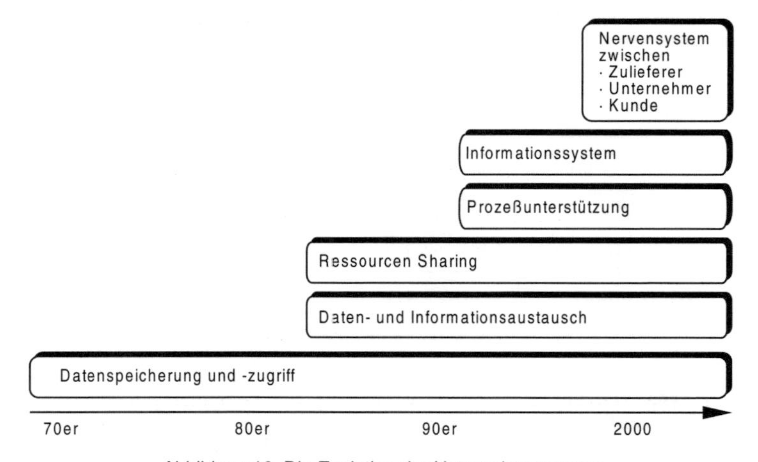

Abbildung 16. Die Evolution der Unternehmensnetze

Beispiel: Die amerikanische Einzelhandelskette WAL-MART überläßt die Bestückung ihrer Supermärkte in bestimmten Produktgruppen ganz dem Zulieferer oder Produzenten, z. B. PROCTER & GAMBLE. Dies ist nur möglich, weil beide Unternehmen intensiven Datenaustausch betreiben.

4 Organisationsanalyse und -design

Organisationsanalyse und **Organisationsdesign** umfassen zwei Teilgebiete: Analyse und Design der Aufbauorganisation (Abschnitt 4.2) sowie Analyse und Design der Ablauforganisation (Abschnitt 4.3). Beide werden im Rahmen von Organisationsprojekten durchgeführt (Abschnitt 4.1).

4.1 Planung und Durchführung von Organisationsprojekten

Organisationsprojekte sind *Projekte, welche die Analyse und Verbesserung von Organisationsstrukturen und Arbeitsabläufen zum Inhalt haben.* Sie haben alle Merkmale typischer Projekte (Komplexität, begrenzte Laufzeit, fach- und hierarchieübergreifend, innovativ, vgl. S. 30).

Grundsätzlich bieten sich zur Durchführung von Organisationsprojekten die Fremdlösung, die Eigenlösung und die Mischlösung an:

- Bei der **Fremdlösung** führt ein externer Berater die Organisationsanalyse durch und legt dem Unternehmen Konzeptvorschläge vor.
- Bei der **Eigenlösung** führen Mitarbeiter des Unternehmens selbst die Analyse durch und machen Konzeptvorschläge.
- Bei der **Mischlösung** wird ein gemischtes externes und internes Team mit der Durchführung des Projekts betraut.

Organisationsprojekte werden gewöhnlich in Phasen durchgeführt (vgl. den allgemeinen Ablauf eines Projekts auf S. 32), nämlich: Projektdefinition, Projektplanung, Ist-Aufnahme, Ist-Analyse, Grobkonzeption, Feinkonzeption, Implementierung sowie Projektcontrolling. An jede dieser Phasen kann sich eine Projektentscheidung anschließen.

1. **Projektdefinition.** In dieser Phase werden die wesentlichen Ziele und Rahmendaten für das Projekt definiert.
2. **Projektplanung.** In dieser Phase wird das methodische Vorgehen und der Ressourceneinsatz genauer geplant.
3. In der **Ist-Aufnahme** wird der Stand der Aufbau- oder Ablauforganisation aufgenommen (siehe die Abschnitte 4.2.1, 4.2.2 und 4.3.1).
4. In der **Ist-Analyse** werden die Ergebnisse der Ist-Aufnahme analysiert und bewertet (siehe die Abschnitte 4.2.3 und 4.3.2).
5. Bei der **Grobkonzeption** werden verschiedene Alternativen zu verbesserten Organisationsstrukturen und -abläufen entwickelt. Für die Grobkonzeption stehen neben computergestützten und standardisierten Verfahren auch verschiedene Kreativitätstechniken zur Verfügung – z. B. *Brainstorming, Mind-Mapping* oder die Methode des *morphologischen Kastens*. Im Anschluß an diese Phase steht zumeist eine Bewertung der Alternativen und eine Entscheidung des Gesamtverantwortlichen für eine dieser Alternativen. Diese Entscheidung kann z. B. im Form einer *Nutzwertanalyse* vorbereitet werden.

6. In der **Feinkonzeption** wird die ausgewählte Alternative im Detail ausgearbeitet (siehe die Abschnitte 4.2.4 und 4.3.3).
7. **Implementierung** (Einführung). In der Implementierungsphase oder Einführungsphase erfolgt die Einführung der neuen Organisationsstruktur.
8. Mit dem **Projektcontrolling** wird die Zielerreichung (Effektivität) und der Ressourcenverbrauch (Effizienz) bewertet. Das Projektcontrolling findet während des gesamten Projekts oder im Anschluß an das Projekt statt.

4.2 Analyse und Design der Aufbauorganisation

Analyse und Design der Aufbauorganisation sind das erste Teilgebiet der Organisationsanalyse und des Organisationsdesigns. In der Ist-Aufnahme (vgl. oben Ziffer 3) wird zunächst die existierende Aufbauorganisation beschrieben (Abschnitt 4.2.1) und gemessen (Abschnitt 4.2.2). Anschließend wird existierende Aufbauorganisation in der Ist-Analyse (vgl. oben Ziffer 4) analysiert (Abschnitt 4.2.3). Es folgen die Grob- und Feinkonzeption (vgl. oben Ziffer 5–6) einer neu gestalteten Aufbauorganisation (Aufgabensynthese, Abschnitt 4.2.4).

4.2.1 Beschreibung der Aufbauorganisation

Die Aufbauorganisation eines Unternehmens läßt sich auf verschiedene Weise beschreiben. In der Unternehmenspraxis werden am häufigsten Organisationspläne, Stellenbeschreibungen, Stellenbesetzungspläne und Funktionendiagramme eingesetzt.

1. Der **Organisationsplan** (Organigramm) ist wohl die gebräuchlichste Form, den Aufbau einer Organisation zu beschreiben. Ab einer bestimmten Größe besitzt fast jede Organisation einen Organisationsplan. Man unterscheidet zwischen der vertikalen Darstellungsform, der horizontalen Darstellungsform und einer Mischform aus beiden. Die vertikale Darstellungsform ist wohl die gebräuchlichste; hier wird jeder Hierarchieebene eine bestimmte „Höhe“ im Organisationsplan zugewiesen. In der horizontalen Form werden die Hierarchieebenen von links nach rechts differenziert. Häufig wird aus Platzgründen eine Mischform gewählt, bei welcher die oberen Führungsebenen nach dem vertikalen Darstellungsprinzip und die unteren Ebenen (z. B. Referate) nach dem horizontalen Prinzip dargestellt werden.

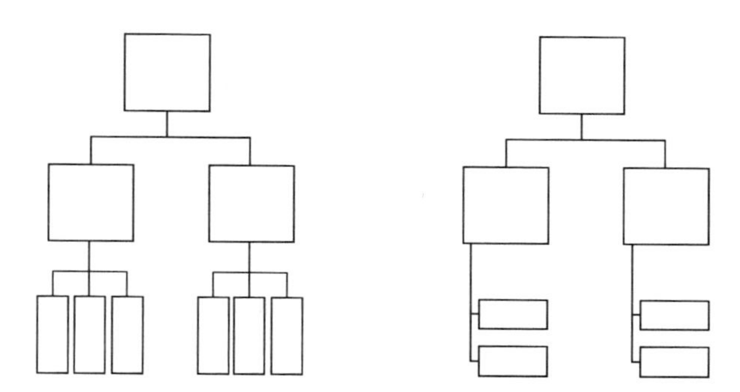

Abbildung 17. Vertikale und horizontale Form des Organisationsplans

2. Die **Stellenbeschreibung** (Geschäftsverteilungsplan) ergänzt den Organisationsplan. In ihr sind alle wesentlichen Aufgaben und Merkmale jeder Stelle beschrieben, insbesondere: Bezeichnung, organisatorische Einordnung, Aufgaben, Zieldefinitionen, Befugnisse, Verantwortung, Vertretungsregelungen und benötigtes Qualifikationsprofil.

Vor- und Nachteile von Stellenbeschreibungen	
Vorteile	**Mögliche Nachteile und Gefahren**
• Genaue Beschreibung der Unternehmensstruktur und Unternehmensaufgaben • Genaue Definition von Aufgaben, Befugnissen, Verantwortung und Unterstellungsverhältnissen • Leichtere Personalplanung und Personalentwicklung • Basis für objektivere Lohn- und Gehaltsstruktur	• Stellen werden als „sozialer Besitzstand" angesehen und verteidigt • Erstarrung der Organisation • Differenz zwischen Stellenbeschreibung und tatsächlicher Arbeitssituation führt zu Zynismus oder Ineffizienzen

3. Der **Stellenbesetzungsplan** enthält Stellenbezeichnung, Namen und ggf. Titel des Stelleninhabers sowie ggf. Namen und Titel des Stellvertreters.

4. Das **Funktionendiagramm** weist Aufgaben und Befugnisse verschiedenen Stellen in Form einer Matrix zu.

	Stelle 1	Stelle 2	Stelle 3	Stelle 4	. . .	Stelle n
Aufgabe A	K	E	A			
Aufgabe B		K	X			
Aufgabe C	P		X			
Aufgabe D				X		
. . .						
Aufgabe N						

A: Ausführung
E: Entscheidung
K: Kontrolle
P: Planung
X: Gesamtfunktion

Abbildung 18. Funktionendiagramm

4.2.2 Messung der Aufbauorganisation

Neben der Praxis benötigt auch die wissenschaftliche Theorie bestimmte Maße und Meßgrößen, um die Aufbauorganisation von Unternehmen miteinander vergleichen zu können. KIESER und KUBICEK unterscheiden zwischen Spezialisierungsmaßen, Koordinationsmaßen, Konfigurationsmaßen, Delegationsmaßen und Formalisierungsmaßen.

1. **Spezialisierungsmaße** messen Art und Umfang der Spezialisierung (Arbeitsteilung) in einem Unternehmen. Die *Art der Spezialisierung* gibt an, ob die Arbeitsteilung z. B. funktional (nach Tätigkeitsarten geteilt) oder objektorientiert (nach Produkten bzw. Werkstücken geteilt) erfolgt. Der *Umfang der Spezialisierung* gibt an, ob ein Unternehmen stark oder weniger stark arbeitsteilig arbeitet. Von zwei vergleichbaren Unternehmen ist z. B. dasjenige stärker spezialisiert, welches mehr Stellen mit unterschiedlichen Spezialisierungen einsetzt. Ein einfache Möglichkeit, den Umfang der Spezialisierung zu messen, wäre also, die Anzahl unterschiedlicher Stellenbezeichnungen zu zählen.

   Beispiel: Ein Unternehmen möchte Tische herstellen. Es hat hierzu verschiedene Möglichkeiten: (1) Alle vier Arbeiter fertigen jeweils ganze Tische (geringe Spezialisierung); (2) zwei Arbeiter fertigen nur Tischbeine und zwei nur Tischplatten (hohe Spezialisierung/objektorientiert); (3) ein Arbeiter sägt alles, einer drechselt alles, einer leimt alles, einer lackiert alles (hohe Spezialisierung/funktional).

2. **Koordinationsmaße** untersuchen, wie die arbeitsteiligen Tätigkeiten aus Ziffer 1 abgestimmt (koordiniert) werden. Prinzipiell sind vier Arten möglich – persönliche Weisungen, Selbstabstimmung, Programmierung und Planung.

   - *Koordination durch persönliche Weisungen* (Unterstellungsverhältnisse) ist die erste Koordinationsart, an welche man bei einem Unternehmen denkt. Wichtige Maße sind hierbei Leitungsspanne und Gliederungstiefe (vgl. S. 18). **Beispiel:** Die Arbeiter aus dem obigen Beispiel erhalten Weisungen vom Chef, wie sie die Tische fertigen sollen.

   - *Koordination durch (horizontale) Selbstabstimmung.* In allen Unternehmen kommunizieren die Mitglieder auch mit benachbarten Einheiten und nicht nur über den hierarchischen Weg, um Probleme direkt zu lösen (Selbstabstimmung). Dies ist notwendig. Ein Sprichwort besagt, daß man jede Armee lahmlegen kann, wenn man strikt nach dem Prinzip von Befehl und Gehorsam vorgeht. Selbstabstimmung ist schwer zu messen – Anhaltspunkte sind z. B.

spontane Besprechungen. **Beispiel:** Die Arbeiter aus dem obigen Beispiel besprechen untereinander, wie sie die Tische fertigen.

- *Koordination durch Programme.* Hierbei wird versucht, das Ausmaß der Standardisierung von Verfahren und Abläufen in einem Unternehmen zu erfassen. **Beispiel:** Die Arbeiter lesen in einem unternehmensinternen Handbuch nach, wie Tische zu fertigen sind.
- *Koordination durch Pläne.* Auch durch Planung können Entscheidungen koordiniert werden. Das Ausmaß der Planung ist aber schwer zu messen, da hier sowohl operative Fertigungsplanung als auch strategische Planung gemeint sein kann. **Beispiel:** Die Arbeiter entnehmen der Fertigungsplanung, wie viele Tische sie in der nächsten Woche fertigen sollen.

3. **Konfigurationsmaße** beschreiben die Struktur eines Unternehmens. Gemeint sind die bereits ausführlich geschilderten Leitungssysteme (Abschnitt 3.2) und Organisationsstrukturen (Abschnitt 3.3) einschließlich der Projektorganisation (Abschnitt 3.4), für die nun allgemein verwendbare Maße gefunden werden sollen:
   - Auch hier kann die *Gliederungstiefe* als Konfigurationsmaß genutzt werden. Man kann weiter unterscheiden zwischen der maximal (in einem Bereich erreichten) Gliederungstiefe, der durchschnittlichen Gliederungstiefe und der bereichsspezifischen Gliederungstiefe. **Beispiel:** In Industrieunternehmen hat der Produktionsbereich meist mehr Hierarchieebenen als die anderen Bereiche; die bereichsspezifische Gliederungstiefe ist hier also höher.
   - In gleicher Weise wird die *Leitungsspanne* als weiteres Konfigurationsmaß genutzt. Auch hier können verschiedene Varianten angewendet werden:
     - die Leitungsspanne der obersten Instanz, d. h. die Zahl der der Unternehmensführung direkt unterstellten Organisationseinheiten;
     - die durchschnittliche Leitungsspanne;
     - die funktionale Weisungsspanne, welche die Zahl der funktional direkt unterstellten Organisationseinheiten mißt (siehe hierzu das Beispiel auf S. 20);
     - sowie die Stellenrelationen, die das numerische Verhältnis verschiedener Arten von Stellen messen. **Beispiele:**

$$\frac{\text{Anzahl Instanzen}}{\text{Anzahl Mitarbeiter}},\quad \frac{\text{Anzahl Stabsstellen}}{\text{Anzahl Mitarbeiter}} \quad \text{oder} \quad \frac{\text{Anzahl Stabsstellen}}{\text{Anzahl Instanzen}}. \qquad (1)$$

4. **Delegationsmaße** messen, wie weit Entscheidungsbefugnisse auf die unteren hierarchischen Ebenen delegiert werden. Hierbei kann gemessen werden:
   - wieviele Entscheidungen auf unteren Ebenen getroffen werden,
   - wie bedeutend diese Entscheidungen sind,
   - wieviele andere Stellen von diesen Entscheidungen berührt werden und
   - wie autonom diese Entscheidungen getroffen werden.

5. **Formalisierungsmaße** messen das Ausmaß <u>schriftlich fixierter</u> organisatorischer Regelungen. **Beispiele:** Handbücher, Organisationspläne, Stellenbeschreibungen.

4.2.3 Aufgabenanalyse

Jedes Unternehmen hat ein Formalziel und ein Sachziel. *Formalziele* beschreiben den erwünschten Zustand (**Beispiele:** Umsatz, Gewinn); *Sachziele* beschreiben die erwünschten Verfahren zur Erreichung dieses Zustandes (**Beispiel:** „Wir wollen Autos herstellen"). Die sich aus Formal- und Sachziel ergebende Gesamtaufgabe des Unternehmens wird nun mit der Aufgabenanalyse in ihre Teilaufgaben bis hinunter zu Elementaraufgaben aufgespalten: Die **Aufgabenanalyse** ist die schrittweise Zerlegung einer (Gesamt-)Aufgabe in ihre Bestandteile. Dabei werden die sachlichen Merkmale der Verrichtung, des Objekts und der Sachmittel sowie die formalen Merkmale des Rangs, der Phase und der Zweckbeziehung unterschieden (Abbildung 19):

1. Die **Verrichtungsanalyse** zerlegt die Aufgabe in ihre einzelnen Tätigkeiten (Verrichtungen, Teilaufgaben, Elementaraufgaben). Sie kann in unterschiedlicher Detailtiefe erfolgen. **Beispiel:** Die Aufgabe „Warenauslieferung" wird zerlegt in: Bestellung annehmen, Rechnung schreiben, Ware verpacken.

2. Die **Objektanalyse** strukturiert die Aufgabe nach den Objekten, an welchen die Tätigkeiten vorgenommen werden. Dies können immaterielle oder materielle Objekte sein. **Beispiele:** Daten einer Bestellung, aus denen eine Rechnung erstellt werden soll; zu verpackende Waren.

3. Die **Sachmittelanalyse** spaltet die Aufgabe nach den zu ihrer Durchführung nötigen Sachmitteln. **Beispiele:** Computer und Software für das Schreiben von Rechnungen, Verpackungsmaschinen zum Verpacken der Ware.

4. Die **Ranganalyse** teilt die Aufgabe in leitende Tätigkeiten (hoher Rang) und ausführende Tätigkeiten (niedriger Rang). **Beispiel:** Entscheidung, ob ein Kunde Rabatte erhält; Schreiben einer Rechnung an diesen Kunden, die Rabatte enthält.

5. Die **Phasenanalyse** gliedert die Aufgabe in Planungstätigkeiten, Durchführungstätigkeiten und Kontrolltätigkeiten. **Beispiel:** Absatz planen, Ware ausliefern, Absatzerfolg kontrollieren.

6. Die **Zweckbeziehungsanalyse** ordnet die Aufgaben nach ihrem Zweck, nämlich danach, ob sie direkt dem Unternehmensziel dienen (Zweckaufgaben) oder nur indirekt (Verwaltungsaufgaben). Die Zuordnung kann je nach Unternehmen unterschiedlich sein. **Beispiel:** In einem Buchhaltungsbüro ist das Erstellen von Monatsabschlüssen eine Zweckaufgabe, in einem Industrieunternehmen ist dies eine Verwaltungsaufgabe.

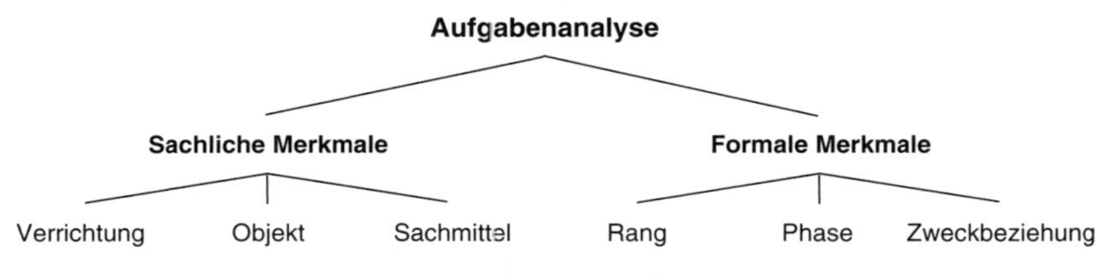

Abbildung 19. Gliederungsmerkmale bei der Aufgabenanalyse

4.2.4 Aufgabensynthese

Aus der Aufgabenanalyse sind jetzt die einzelnen Elementaraufgaben mit ihren Merkmalen bekannt. Diese werden nun zu sinnvollen Einheiten verknüpft: Die **Aufgabensynthese** ist die Zuordnung von Elementaraufgaben zu Stellen. Die Stelle ist das Grundelement der Aufbauorganisation (vgl. S. 17). Die Zuordnungen werden in *Stellenbeschreibungen* festgehalten; das Ergebnis dieser Stellenplanung heißt *Stellenplan.* Insgesamt müssen die Stellenelemente, die Stellenarten, die Stellenstruktur sowie die Organisationsstruktur bestimmt werden:

1. **Stellenelemente** sind die Elemente, mit denen eine Stelle ausgestattet ist. Sie können immateriell oder materiell sein. *Immaterielle Stellenelemente* sind Aufgaben, Befugnisse (Kompetenz) und Verantwortung. Diese sollten möglichst deckungsgleich sein: wenn eine Stelle einen großen Umfang von Aufgaben übertragen bekommt, sollte damit auch eine hohe Verantwortung einhergehen. In der Organisationspraxis wird dieser einfache Grundsatz häufig verletzt, da hier oft auch Machtfragen und Taktieren innerhalb eines Unternehmens eine wichtige Rolle spielen. *Materielle Stellenelemente* sind der Mitarbeiter, Sachmittel (z. B. Computer) und Versorgung (z. B. Strom). Auch diese Elemente sollten dem Aufgabenumfang entsprechen.

2. Für die einzelnen Aufgaben müssen auch angemessene **Stellenarten** (und Gremienarten) festgelegt werden. Stellen und Gremien unterscheiden sich hinsichtlich des Umfangs der Befugnisse, der Aufgabenart und des Aufgabenumfangs. Bei Stellen werden Linien- und Stabsstellen unterschieden:

   - **Linienstellen** sind Stellen, welche mit Verantwortung und Durchführung des operativen Geschäfts betraut sind. *Instanzen* (vgl. S. 18) sind Linienstellen mit Leitungsaufgaben. *Ausführungsstellen* besitzen keine Leitungsbefugnisse.

   - **Stabsstellen** sind Stellen, welche der Leitung bei der Entscheidungsvorbereitung und -kontrolle helfen. *Stäbe* sind zumeist spezialisierte Organisationseinheiten mit gewissen Daueraufgaben. *Assistenzen* helfen der Leitung in wechselnden Einzelfragen.

   Gremien sind Gruppen, die haupt- oder nebenamtlich Koordinationsaufgaben wahrnehmen:

   - **Hauptamtliche Gremien** sind im wesentlichen die Leitungsgruppe und die Projektgruppe. Oftmals wird *Leitungsgruppen* anstelle einer Einzelperson die Leitung eines Unternehmens anvertraut (vgl. S. 33 f.). *Projektgruppen* (Projektteams) wurden bereits bei der Projektorganisation behandelt (vgl. S. 32).

   - **Nebenamtliche Gremien** sind vor allem das Kollegium und der Ausschuß. Im *Kollegium* kommen Führungskräfte aus unterschiedlichen Organisationseinheiten zusammen, um befristete Sonderaufgaben zu lösen. Der *Ausschuß* ist eine ständige Einrichtung für Daueraufgaben.

3. Wenn die Stellenbildung abgeschlossen ist, wird die **Stellenstruktur** festgelegt, d. h. aus den Stellen werden Abteilungen gebildet. Hierbei geht es um

   - *Art, Anzahl und Größe der Abteilungen* und übergeordneten Organisationseinheiten (Stellenzusammenfassung und Instanzenbildung) und

   - *Hierarchiegestaltung* in Form der Festlegung der Gliederungstiefe und der Leitungsspannen (vgl. die Abschnitte 3.1 und 4.2.1).

4. Schließlich ist die **Organisationsstruktur** (vgl. die Abschnitte 3.2–3.5) zu wählen. Abhängig von der Situation wird allerdings manchmal zunächst eine Organisationsstruktur bestimmt und dann erst die Stellenanalyse und -synthese betrieben.

4.3 Analyse und Design der Ablauforganisation

Neben Analyse und Design der Aufbauorganisation (Abschnitt 4.2) sind Analyse und Design von Arbeitsabläufen das zweite Teilgebiet der Organisationsanalyse und des Organisationsdesigns. Zunächst werden Instrumente zur Beschreibung von Arbeitsabläufen und Informationsverflechtungen vorgestellt (Abschnitt 4.3.1), dann die Analyse von Arbeitsabläufen beschrieben (Abschnitt 4.3.2) und schließlich die Neugestaltung von Arbeitsabläufen erläutert (Abschnitt 4.3.3).

4.3.1 Beschreibung von Arbeitsabläufen und Informationsverflechtungen

Zunächst findet auch hier eine Ist-Aufnahme statt (vgl. S. 41 Ziffer 3), d.h. die tatsächlichen Arbeitsabläufe und Informationsverflechtungen werden beschrieben. Für die Beschreibung der Arbeitsabläufe eignen sich besonders Listen, Ablaufdiagramme, Blockschaltbilder und Datenflußpläne. Für die Beschreibung der Informationsverflechtungen eignen sich besonders das Informationsflußdiagramm und die Kommunikationsspinne.

- **Listen** eignen sich zur Erfassung linearer Abläufe ohne Schleifen, Alternativbearbeitungen und Parallelbearbeitungen.

Beispiel: Ablauforganisation und Tätigkeiten im Versand

Nr.	Arbeitsgang	Menge/Tag	Bearbeitungszeit	Personen
1	Rechnungen aus Verkauf sichten und auf Sachbearbeiter verteilen	260	2 Stunden	Müller
2	Lieferungen zusammenstellen	260	20 Stunden	Meier, Schulze, Hinz, Kunz
3	Lieferscheine schreiben	180	6 Stunden	Müller, Schlüter
4	Spediteure beauftragen	20	6 Stunden	Meier, Schmitz

- **Ablaufdiagramme** (Arbeitsablaufdiagramme, Ablaufschemata) eignen sich ebenfalls nur für lineare Arbeitsabläufe, kombinieren jedoch tabellarische und graphische Darstellung. *Stellenorientierte Ablaufdiagramme* ordnen Arbeitsgänge den ausführenden Stellen zu; *verrichtungsorientierte Ablaufdiagramme* ordnen Arbeitsgänge unterschiedlichen Tätigkeitsarten zu (vgl. Abbildung 20).

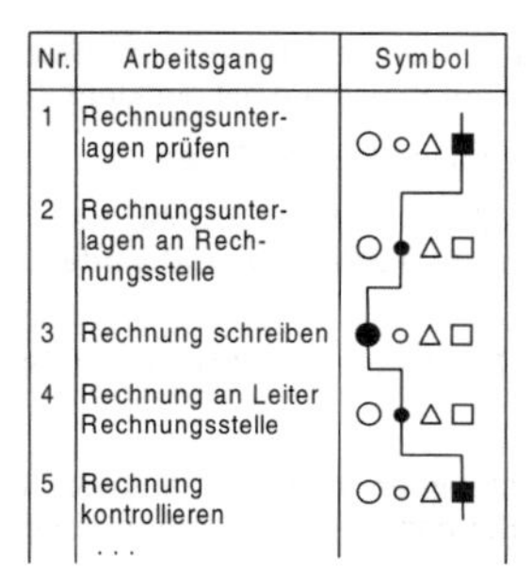

Tätigkeitsarten
- ○ Bearbeitung
- o Transport
- △ Lagerung
- □ Kontrolle

Abbildung 20. Verrichtungsorientiertes Ablaufdiagramm

- **Blockschaltbilder** fassen die Informationen der stellen- und verrichtungsorientierten Ablaufdiagramme in einer Graphik zusammen. Sie enthalten damit Informationen über Arbeitsgänge, Tätigkeitsarten und Stellen (Abbildung 21).

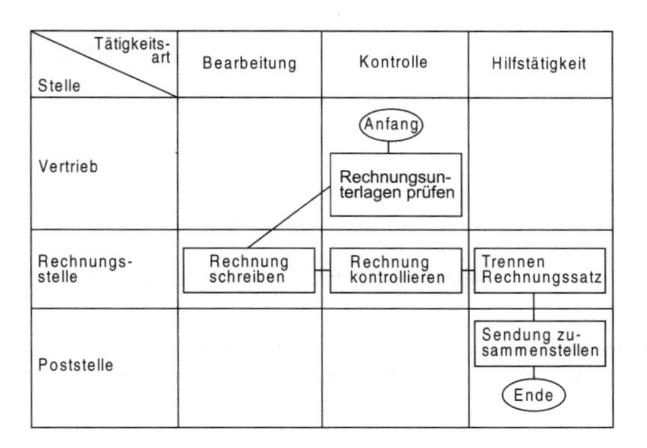

Abbildung 21. Blockschaltbild

- **Datenflußpläne** (Datenflußdiagramme) werden in der Praxis am häufigsten eingesetzt, weil sich mit ihnen auch Schleifen, Alternativbearbeitungen und Parallelbearbeitungen darstellen lassen. Sie stammen aus der Informationstechnik, wurden jedoch von der Organisationslehre für die Dokumentation von Arbeitsabläufen übernommen. Für Datenflußdiagramme werden fünf Arten von normierten Symbolen verwendet: Bearbeitungs-, Datenträger-, Datenfluß-, Kombinations- und Formalsymbole.
  - *Bearbeitungssymbole* zeigen eine Bearbeitung an (manuell oder mit Hilfe der EDV). **Beispiel:** Erstellen einer Rechnung anhand von Kunden-, Artikel- und Bestelldaten;

- *Datenträgersymbole* bezeichnen Daten auf einem bestimmten Datenträger. **Beispiele:** Daten auf Schriftstücken, Daten auf Speichern mit direktem Zugriff (z. B. Festplatten);
- *Datenflußsymbole* bezeichnen den Fluß von Daten;
- *Kombinationssymbole* kombinieren mehrere Symbole aus den ersten drei Arten. **Beispiel:** kombiniertes Symbol aus den Symbolen für „Datenerfassung" und „Magnetband" für „Magnetbanddatenerfassung";
- *Formalsymbole* markieren z. B. Übergangsstellen für den Blattwechsel.

- **Informationsflußdiagramme** stammen ebenfalls aus der Informationstechnik, sind jedoch erheblich jüngeren Ursprungs. Sie haben einen höheren Abstraktionsgrad als die Datenflußdiagramme (Abbildung 22).

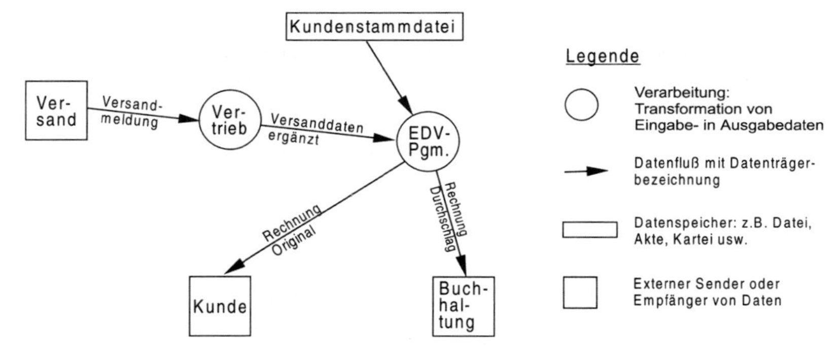

Abbildung 22. Informationsflußdiagramm

- **Kommunikationsspinnen** beschreiben die Häufigkeit und Dauer der tatsächlich stattfindenden Kommunikation. Sie sagen nichts über die Kommunikationsinhalte aus.

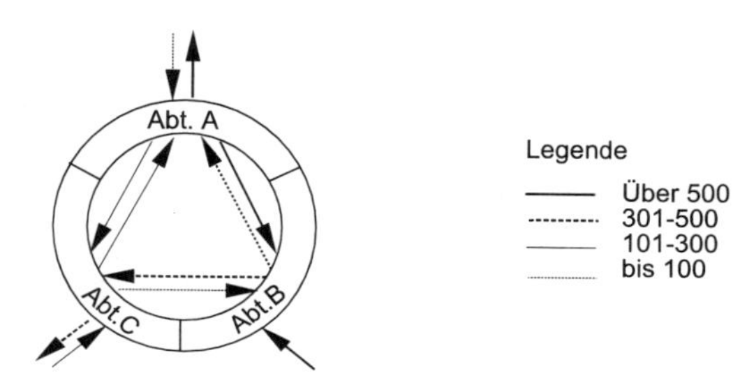

Abbildung 23. Kommunikationsspinne

4.3.2 Analyse von Arbeitsabläufen

Die in der Ist-Aufnahme gewonnenen Daten werden nun analysiert (Ist-Analyse, vgl. S.41 Ziffer 4). damit auf der Basis der gewonnenen Erkenntnisse neue Organisationsstrukturen und -abläufe geschaffen werden können. Hierzu kommen in Frage: Grundlagenanalyse, Checklistenanalyse und Benchmarking als Gesamtanalysen; sowie Wirtschaftlichkeitsanalyse, ABC-Analyse, Datenmatrixanalyse und Entscheidungstabellenanalyse als speziellere Analysetechniken.

- Die **Grundlagenanalyse** ist die Prüfung von Arbeitsgängen und Stellen auf Ihre Notwendigkeit und damit die einfachste, aber auch radikalste Form der Organisationsanalyse. Aus den Organisationszielen wird abgeleitet, ob gewisse Arbeitsgänge oder Stellen zur Erreichung dieser Ziele überhaupt notwendig sind, oder ob sie entfallen oder einfacher gestaltet werden können.

  Beispiel: Bei einer bekannten Fluglinie gab es eine Gruppe von sechs Personen, welche strategische Planungsberichte erstellte. Ein Management-Coach arbeitete als Einzelberater für diese Fluglinie. Er stellte die einfache Frage: „Wer liest diese Berichte?“ Als klar wurde, daß sich die Adressaten der Berichte, die Mitglieder des Top-Managements, nicht dafür interessierten, wurde die Gruppe aufgelöst.

- Die **Checklistenanalyse** (Prüflistenanalyse, Prüffragenkatalog) soll beim Auffinden von Schwachstellen helfen. Zumeist hat sich der Organisationsberater zuvor mit Hilfe einiger Interviews eine Checkliste erstellt, welche bei der Analyse und in Interviews verwendet wird. In der Literatur und von Unternehmensberatern werden auch Standard-Checklisten angeboten. Fragen sind z. B.:
  - „Kann die Tätigkeit mit anderen Tätigkeiten kombiniert werden?“
  - „Kann die Tätigkeit ausgeführt werden, während es bei einer anderen Tätigkeit Wartezeiten gibt?“
  - „Würde eine Änderung in der Reihenfolge der Verrichtungen die einzelne Verrichtung in irgendeiner Weise ändern?“

- Das **Benchmarking** wird mittlerweile häufig verwendet. Hierbei werden für bestimmte Abläufe Kennzahlen gebildet. **Beispiele:** Zeitdauer für die Produktion eines Autos, Anzahl der Verwaltungsmitarbeiter je Prduktionsmitarbeiter, Anzahl der Arbeitsverrichtungen je Mitarbeiter. Diese Zahlen werden mit Sollzahlen, Branchenwerten oder Vergangenheitswerten in Bezug gesetzt.

Beim Benchmarking mit Branchenwerten wird freilich von anderen „abgekupfert"; und beim Benchmarking mit Vergangenheitswerten wird möglicherweise „Schlendrian mit Schlendrian" verglichen (vgl. den Buchtitel ***Kosten- und Leistungsrechnung*** aus dieser Reihe, Kapitel 3), so daß Benchmarking zum Teil innovative Lösungen verhindert.

- Bei der **Wirtschaftlichkeitsanalyse** werden die ermittelten Ist-Werte mit den Werten alternativer organisatorischer Lösungen verglichen. Richtgrößen für einen Vergleich können z. B. sein: Kosten, Deckungsbeitrag und Betriebsergebnis (vgl. ***Kosten- und Leistungsrechnung***); sowie Kapitalwert, interner Zinsfuß oder Amortisationsdauer (vgl. ***Investitionsrechnung,*** Abschnitte 2.2.1, 2.2.2 und 2.1.4).

- Bei der **ABC-Analyse** werden Prioritäten oder Schwerpunkte der Organisation ermittelt. Hierbei können sowohl Kosten und Erträge als auch die Wirtschaftlichkeit verschiedener Einheiten, Produkte oder Abläufe untersucht werden. Man nutzt dabei die Erkenntnis, daß oft ein kleiner Teil der Tätigkeiten einen großen Teil des Nutzens erbringt (A-Tätigkeiten), während ein großer Teil der Tätigkeiten nur unwesentlich zum Nutzen beiträgt (C-Tätigkeiten). Nach Durchführung der ABC-Analyse kann eine Empfehlung ausgesprochen werden, sich bei der Organisation auf bestimmte Tätigkeiten oder Produkte zu konzentrieren.

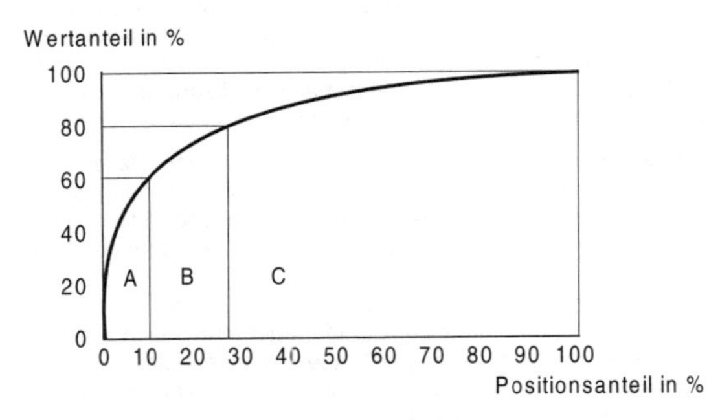

Abbildung 24. ABC-Analyse

- Bei der **Datenmatrixanalyse** (Matrixanalyse, Informationsmatrix-Analyse, Eingabe-Ausgabe-Analyse) werden alle in einer Organisationseinheit stattfindenden Dateneingaben, Verarbeitungen und Datenausgaben in einer Matrix erfaßt. Die Matrix enthält für jede Eingabeart, jede Verarbeitungsart und jede Ausgabeart je eine Spalte. **Beispiel:** Eine Spalte für „Eingabe Kundenbestellung". In je einer Zeile stehen die Daten. **Beispiel:** Eine Zeile für „Kundennummer". Da bei der Eingabe einer Kundenbestellung die Kundennummer erfaßt wird, wird im Schnittpunkt ein Kreuz gemacht. Ist die Matrix fertiggestellt, wird geprüft, ob:
  - alle Daten gemäß dem Prinzip Eingabe – Verarbeitung – Ausgabe vollständig sind: Sie müssen in einer der folgenden Kombinationen vorkommen: Eingabe – Ausgabe, Eingabe – Verarbeitung, Verarbeitung – Ausgabe, Eingabe – Verarbeitung – Ausgabe. Ein Ausweis von Daten in nur einer Spalte ist nicht möglich, da so kein Datenfluß zustande käme.
  - Eingaben, Verarbeitungen oder Ausgaben einzelner Daten mehrfach vorkommen. Dann wird untersucht, ob diese Doppelarbeit erforderlich ist oder wegfallen kann.

- Daten überhaupt erforderlich sind. Manche Daten werden überhaupt nicht weiterverarbeitet oder wieder ausgegeben. Dann ist die Erforderlichkeit in Frage zu stellen.

- Mit der **Entscheidungstabellenanalyse** (Entscheidungsdiagrammanalyse, Entscheidungsbaumanalyse, Entscheidungsmatrixanalyse) wird geprüft, ob alle logisch möglichen Entscheidungen in den organisatorischen Regelungen berücksichtigt worden sind (Vollständigkeit). Ebenso kann geprüft werden, ob die Regelungen frei von Widersprüchen und Wiederholungen sind. **Beispiel:** Wenn eine bestimmte Entscheidungskompetenz beim Abteilungsleiter liegt, kann sie nicht gleichzeitig beim Hauptabteilungsleiter liegen.

4.3.3 Neugestaltung von Arbeitsabläufen

Die **Neugestaltung von Arbeitsabläufen** erfolgt normalerweise in drei Schritten: Grobkonzeption, Sollkonzeption und Feinkonzeption (vgl. S. 41 f. Ziffer 5–6).

- **Grobkonzeption.** Zunächst werden auf Basis der Ist-Aufnahme (Abschnitt 4.3.1) und der Ist-Analyse (Abschnitt 4.3.2) mögliche Alternativen für die zukünftige Organisation entwickelt. Hierauf erfolgt die Auswahl von Alternativen. Diese Alternativen werden zu Soll-Konzepten entwikkelt, auf deren Basis eine Entscheidung für ein Konzept getroffen werden kann.
  - Für die *Entwicklung von Alternativen* eignen sich verschiedene Methoden. Mit der Hilfe der Quellenanalyse (**Beispiele:** Fachzeitschriften, Betriebsvergleiche, Kongresse) lassen sich für viele Probleme Lösungen finden, die anderweitig schon implementiert wurden. Kreativitätstechniken können eingesetzt werden, um die Kreativität ganzer Gruppen zu mobilisieren. Hierdurch kann ein größeres Potential von Ideen und Wissen angezapft werden. Die Teilnehmer können sich auch gegenseitig gedanklich befruchten, indem zum Beispiel Wissen aus verschiedenen Bereichen eingebracht wird, zwischen denen normalerweise wenig Kontakt besteht.

    Beispiel: Eine der ältesten Kreativitätstechniken ist das Brainstorming, in welchem in kurzer Zeit möglichst viele Ideen entwickelt werden. Den Teilnehmern ist es hierbei untersagt, Kritik zu äußern. Die Ideen werden dann erst nachher „sortiert“ und bewertet.

  - Bei der *Alternativauswahl* werden aus der Vielzahl der zuvor kurz skizzierten möglichen Lösungsalternativen eine oder mehrere mögliche Alternativen ausgewählt. Hierbei bestehen bestimmte Einschränkungen im Hinblick auf Aufgabenstellung, Problemstellung, Verbesserungserfordernisse, Anwendungsanforderungen und verfügbare Projektmittel. Diejenigen Alternativen, welche diesen Einschränkungen und Bedingungen nicht entsprechen, scheiden von vorne herein aus. Unter den anderen Alternativen werden die besten ausgewählt.

  - *Ausformulierung der Alternativen (Grobkonzeption) und Entscheidung.* Die verbliebenen Alternativen werden so ausformuliert, daß eine Entscheidung für eine bestimmte Alternative getroffen werden kann.

- **Soll-Konzeption.** Die ausgewählte Alternative wird weiter präzisiert, so daß detaillierte Arbeits- und Organisationspläne folgen können. Auch in diesem Schritt werden noch gewisse Entscheidungen über bestimmte Aspekte der Organisation getroffen.

- **Feinkonzeption** (Detailkonzeption). Hier werden nun Organisationsabläufe in ihren Einzelheiten festgelegt und beschrieben. Dazu gehören:

- Arbeitsanalysen in Form von Struktur- und Baumdiagrammen, Gliederungsplänen oder Gliederungstabellen.
- Festlegung von Arbeitsgängen.
- Verfahrensregelungen.
- Bestimmung von Sachmitteln.
- Stellenbildung und -beschreibung, Arbeitsplatzorganisation.
- Ablauforganisation: Dabei kann unterschieden werden zwischen einer zwingenden Folge von Arbeitsgängen, einer empfohlenen Folge von Arbeitsgängen und einer gestaltbaren Folge von Arbeitsgängen. Dabei sind Abläufe so einfach wie möglich zu gestalten, Transporterfordernisse und Durchlaufzeiten zu minimieren sowie Arbeitsgänge mit großer Wertschöpfung möglichst am Ende des Ablaufes anzusiedeln.
- Neben der Gestaltung der Abläufe sind die einzelnen Arbeitsschritte auch zu terminieren und in ihrer Länge und Häufigkeit zu bestimmen.
- Aufbaustrukturen und Abläufe werden dann in Aufbau- und Ablaufdiagrammen, Stellenbeschreibungen, Verfahrensregelungen und anderen geeigneten Dokumentationen festgehalten.
- Eine besonders wichtige Dokumentation ist das Organisationshandbuch, im welchem die wichtigsten Aufbaustrukturen, Abläufe und Verfahrensregelungen festgehalten werden sollten.

5 Organisationsentwicklung

Die **Organisationsentwicklung** unterscheidet sich wesentlich von Organisationsanalyse und -design dadurch, daß die Hauptprobleme und -lösungsmöglichkeiten oft größtenteils bekannt, aber noch nicht durchgesetzt oder implementiert worden sind. Die Notwendigkeit der Organisationsentwicklung kann verschiedene Gründe haben:

- Lösungen können aufgrund von Meinungsverschiedenheiten oder Kompetenzgerangel nicht durchgesetzt werden.

  Beispiel: Die Produktionsabteilung wünscht sich lange Produktionsserien und möglichst wenige Modelle, um die Produktionskosten zu senken. Die Führungskräfte der Produktionsabteilung werden daran gemessen, wie kostengünstig sie produzieren. Die Marketingabteilung wünscht sich möglichst viele Modelle und kurze Produktionsserien, um schnell reagieren zu können. Die Führungskräfte der Marketing-Abteilung werden am Umsatz gemessen. Beide Abteilungen sind gleichberechtigt. Die zuständigen Vorstandsmitglieder halten sich aus dem Konflikt heraus, weil Sie sich nicht persönlich einmischen wollen und sich auf strategische Fragen konzentrieren: der Produktionsvorstand auf sein Lieblingsprojekt „Fabrik 2010", der Marketingvorstand auf sein Lieblingsprojekt „Käuferverhalten und Marktstrategie 2020".

  Derartige Blockaden und Stillstände sind in Unternehmen nicht die Ausnahme, sondern die tägliche Realität. Die scharfsinnigste Organisationsanalyse hilft nicht, wenn sich der Entscheidungsprozeß festgefahren hat.

  Beispiel: Vor einigen Jahren gab es einen Konflikt zwischen dem Vorstandsvorsitzenden der DAIMLER-BENZ AG, JÜRGEN SCHREMPP, und dem Vorstandsvorsitzenden der DAIMLER-BENZ-Automobiltochter MERCEDES, HELMUT WERNER. Mit dem Argument, alle Geschäftsbereiche unter einem Dach zu vereinen, argumentierte SCHREMPP, daß die Holdingstruktur von DAIMLER-BENZ aufgelöst werden, das Unternehmen MERCEDES als eigenständiges Unternehmen aufgelöst und in den Konzern integriert werden müsse. WERNER wollte die Holdingstruktur beibehalten. Für beide Varianten lassen sich sicherlich gute Argumente finden. Ein Grund war für SCHREMPP aber sicherlich auch die Entmachtung seines erfolgreichen Rivalen WERNER, welche durch diesen Schritt möglich wurde.

- Anstelle der rationalen Gestaltung von mechanisch festgelegten Arbeitsabläufen (wie bei TAYLOR) gewinnt die Gestaltung von flexiblen Organisationen und Netzwerken (PETERS) zunehmend an Bedeutung. Solche flexiblen Organisationen können aber nur funktionieren, wenn die Mitglieder eine große Handlungsfreiheit haben und diese im Sinne der Organisation nutzen. Bei einer Veränderung der Organisation ist es daher besonders wichtig, Lernprozesse in Gang zu setzen und die Veränderung durch den eigenen Antrieb der Mitglieder zu erreichen.

- Führungskräfte und/oder Mitarbeiter haben eine starke Stellung im Unternehmen und die Notwendigkeit von Veränderungen wird noch nicht eingesehen. In diesem Fall können die besten neuen Organisationsstrukturen und -abläufe von den Mitgliedern einer Organisation unterlaufen werden. Nach Einführung einer neuen, aus rationaler Sicht „besseren" Organisation kann sich so de facto vieles verschlechtern.

- „Rationale“ Organisationsanalyse und -design stoßen auch an ihre Grenzen, wenn sie die „ungeschriebenen Spielregeln“ in einem Unternehmen nicht beachten. Organisationsentwicklung kann hier helfen, diese Spielregeln zu erkennen und ganzheitliche Lösungen zu schaffen.

Für die Organisationsentwicklung sind andere Techniken wichtig als für Organisationsanalyse und -design. Hier ist kommt es vor allem die Beherrschung der „weichen“ Faktoren an. Oft liegen für einen externen Organisationsberater die wirklichen Probleme einer Organisation schon nach kurzer Zeit offen. Der Berater erkennt vielleicht auch sofort Lösungsalternativen. Bis zur Durchsetzung dieser Alternativen kann es aber oft ein langer und frustrierender Weg sein. Der Organisationsentwickler geht anders vor als der Analytiker:

- *Gruppenarbeit* und *Kreativitätstechniken* haben in der Arbeit des Organisationsentwicklers einen hohen Stellenwert. Oft reicht es aus, ein Gespräch zwischen Personen aus verschiedenen Organisationseinheiten oder Hierarchieebenen zustande zu bringen. Dies kann aber eine extrem schwierige Aufgabe sein, zu welcher eine sehr hohe Sozialkompetenz, Berufserfahrung und ein hohes Standing des Organisationsentwicklers notwendig ist. In vielen Unternehmen sind Gespräche zwischen bestimmten Organisationseinheiten und Hierarchieebenen z. B. jahrelang blockiert.

  Beispiel: Der Vorstand eines Unternehmens will eine bestimmte Marktstrategie entwickeln und gibt ein teures Marketinggutachten bei einem Top-Beratungsunternehmen in Auftrag, welches mit vier Beratern drei Monate am Auftrag arbeitet. Das Wissen „schlummert“ aber ebenfalls in den Köpfen der Vertriebsmitarbeiter des Unternehmens. Wenn diese gefragt worden wären, hätte die Strategie in kürzester Zeit unternehmensintern entwickelt werden können. Ein Organisationsentwickler hätte einen solchen Dialog vielleicht zustande bringen können.

- Eine besondere Form der Organisationsentwicklung ist das *Coaching,* mit welchem Führungskräfte oder Mitglieder einer Organisation auf neue Aufgaben oder gewandelte Rollen vorbereitet werden. Auch diese Aufgabe kann extrem schwierig sein, da der Coach sich ganz auf die entsprechende Führungskraft einlassen muß und nicht bevormundend sein darf – dann ist seine Tätigkeit wahrscheinlich schnell beendet.

Während bei der Organisationsanalyse und -design oftmals junge Mitarbeiter von Beratungsfirmen eingesetzt werden, muß der Organisationsentwickler eine gestandene Persönlichkeit sein. Oft können durch einen guten Organisationsentwickler in kurzer Zeit Resultate erzielt werden, welche durch klassische Ansätze nicht möglich waren. Beide Arten der Organisationsgestaltung – die „harte“, rationale, datenorientierte, welche auf TAYLOR zurückgeht und die „weiche“, psychologische und an Menschen orientierte, welche auf MAYO zurückgeht, haben aber noch heute ihren legitimen Platz in der betrieblichen Praxis.

6 Übungsaufgaben

6.1 Aufgaben

1. Definieren Sie den Begriff „System". Ist eine wissenschaftliche Theorie auch ein System?

2. Das Scientific Management von TAYLOR war der Ursprung der modernen Organisationslehre. Worauf ist das Entstehen des Scientific Management zurückzuführen?

Nr.	Entwicklung
1	Unzufriedenheit der Arbeiter mit den Bedingungen der modernen Industrieproduktion
2	Verwaltungsprobleme aufgrund wachsender Betriebsgrößen und größerer Komplexität der Produktion
3	Härterer Wettbewerb zwischen den Unternehmen

3. Welches sind die fünf rationalen Prinzipien, auf denen nach MAX WEBER Bürokratien beruhen?

4. Während des Zweiten Weltkriegs und in den folgenden Jahren wurden motivationstheoretische Ansätze entwickelt, welche auf der Human-Relations-Bewegung aufbauten. Worin unterscheiden sie sich von der Human-Relations-Bewegung?

5. Wodurch unterscheiden sich bei der Zwei-Faktoren-Theorie Hygienefaktoren und Motivatoren?

6. Nach welchen Kriterien können Systeme eingeteilt werden? Zwischen welchen Systemarten kann man aufgrund der Vorherbestimmbarkeit unterscheiden?

7. Läßt sich ein Zusammenhang zwischen dem betrieblichen Zyklus Planung – Steuerung – Kontrolle und dem Konzept des Regelkreises bilden?

8. Wie ist der Begriff „Stelle" definiert?

9. Wie werden die Begriffe „Gliederungstiefe" und „Leitungsspanne" definiert? Welcher Zusammenhang besteht zwischen beiden Begriffen?

10. Einliniensystem (a), Mehrliniensystem (b) und Stabliniensystem (c) haben jeweils verschiedene Vor- und Nachteile. Ordnen sie die folgenden Vorteile jeweils einem System zu:

Nr.	Vorteil
1	Die Anzahl der Hierarchiestufen ist gering.
2	Führungskräfte werden von entscheidungsvorbereitenden Aufgaben entlastet.
3	Die Aufgaben- und Kompetenzabgrenzung ist klar.
4	Die Berichts- und Kommunikationswege sind einheitlich.
5	Die Entscheidungsqualität wird durch die Einbeziehung mehrerer Standpunkte aus der Linie verbessert.

11. Eindimensionale Marktorganisation (a), Funktionalorganisation (b) und Divisionalorganisation (c) haben jeweils verschiedene Vor- und Nachteile. Ordnen sie die folgenden *Nachteile* jeweils einer Organisationsstruktur zu:

Nr.	Nachteil
1	Der Koordinationsbedarf für innovative Entscheidungen außerhalb des Tagesgeschäfts ist hoch.
2	Die Unternehmensspitze wird überlastet.
3	Kostendegressionseffekte können nicht genutzt werden.
4	Die Gefahr von Bereichsdenken und Ressortegoismus ist hoch.
5	Die Produktentwicklung wird vernachlässigt.
6	Das Unternehmen tritt am Markt mit mehreren Stimmen auf.

12. Wodurch unterscheiden sich die Matrix- und die Tensororganisation?

13. Welches sind die fünf Faktoren, welche bei der Einrichtung einer Projektorganisation gegeben sein sollten?

14. Ordnen Sie die folgenden Begriffe einem Modell für die Unternehmensleitung zu (in jede Spalte gehören zwei Kreuze).

Begriff	Sprechermodell	Stabsmodell	Personalunion	Hierarchiemodell
Portefeuillebildung				
Ressortbindung				
Kollegialprinzip				
Direktorialprinzip				

15. Nennen Sie sechs Organisationsstrukturen für Zentralbereiche.

16. Welches sind normalerweise die drei Organisationsstrukturen bei der zunehmenden Globalisierung eines Unternehmens?

17. Was ist die Aufgabe eines Funktionendiagramms?

18. Welches sind die fünf wichtigsten Arten der Aufgabenanalyse?

19. Nennen Sie mindestes fünf Möglichkeiten der Darstellung von Arbeitsabläufen und Informationsverflechtungen.

20. Was ist Grundlagenanalyse?

21. Welche Größen können bei der Wirtschaftlichkeitsanalyse miteinander verglichen werden? (Alle richtigen Begriffe aus der Spalte zwei können mit allen richtigen Begriffen aus Spalte 4 kombiniert werden; wählen Sie also diejenigen Buchstaben und Zahlen aus, welche prinzipiell in Frage kommen.)

Untersuchte Alternativen...		**im Hinblick auf...**	
A	verschiedene aufbauorganisatorische Alternativen	**1**	Kosten
B	verschiedene ablauforganisatorische Alternativen	**2**	Deckungsbeiträge
C	verschiedene Produkte	**3**	Erlöse
		4	Kapitalwert

22. Wozu kann die Datenmatrixanalyse verwendet werden?

23. Welches sind normalerweise die drei Schritte bei der Neugestaltung von Organisationen?

24. Fallstudie: Die Supra GmbH ist eine Heizungs-, Sanitär- und Elektrogroßhandlung. Mit 250 Mitarbeitern werden Kunden in den Regionen a) Nordrhein-Westfalen, b) Niedersachsen sowie c) Thüringen/Sachsen beliefert. Die Firma unterhält 5 Läger sowie 8 Ausstellungen in den Regionen, in welchen sie vertreten ist. Insgesamt unterhält man Beziehungen zu ca. 3.800 Dauerkunden und ca. 500 Lieferanten. Ein Programm von ca. 10.000 Artikeln ist sofort lieferbar. Der Vertrieb erfolgt über die Ausstellungen sowie über den Außendienst in den verschiedenen Regionen.

a) Franz Fürst, der Inhaber der Supra GmbH, möchte eine neue Organisationsstruktur für das Unternehmen entwerfen. Er besteht darauf, daß zumindest die folgenden Abteilungen vertreten sind:

1. Organisation
2. Personal

3. Rechnungswesen und Controlling
4. Vertrieb und Außendienst
5. Verkauf und Ausstellungen
6. Marktforschung
7. Einkauf
8. Lager
9. Auslieferung
10. Warenprüfung.

Hierbei sollen zunächst die Prinzipien der traditionellen Funktionalorganisation als Einliniensystem angewandt werden. Zeichnen Sie die neue Organisationsstruktur.

b) Nach dem Erproben der neuen Organisationsstruktur kommt Franz Fürst zu der Erkenntnis, daß sein Unternehmen zu klein ist, um für die Marktforschung und die Organisation eigene Abteilungen auszuweisen. Beide bestehen aus jeweils einem Mitarbeiter. Diese möchte er als Stabsstellen führen. Wie sieht das neue Organigramm aus?

c) Franz Fürst hört auf einem Branchenkongreß, daß das Produktmanagement nun der neueste Trend in seiner Branche ist. Er beschließt, dies in Form einer Matrixorganisation umzusetzten und wählt hierfür die drei verschiedenen Produktgruppen Heizung, Sanitär und Elektro aus. Wie sieht das zugehörige Organigramm aus?

d) Im Bereich der Logistik hat die Supra GmbH erhebliche Defizite. Insbesondere kommen die Meldungen vom Verkauf Sanitär oft zu spät, um von Einkauf, Lager und Auslieferung berücksichtigt zu werden. Franz Fürst beschließt, eine Projektorganisation einzurichten, welche sich des Problems annimmt. Wie kann diese im Organigramm für die Funktionalorganisation dargestellt werden?

e) Das Produktmanagement hat sich nicht bewährt. Zwischen den Produktmanagern für die Bereiche Heizung, Sanitär und Elektro und den funktionalen Organisationseinheiten gab es immer wieder Reibereien. Franz Fürst beschließt, die Organisation in eine Divisionalorganisation mit den Bereichen Heizung, Sanitär und Elektro zu überführen. Wie sieht das Organigramm aus?

Nach seinen vielfältigen Experimenten mit verschiedenartigen Organisationsstrukturen ist Franz Fürst ernüchtert. Er erkennt, daß für sein mittelständisches Unternehmen die Stablinienorganisation angemessen ist und setzt diese um.

25. Fallstudie: Die Allerlei GmbH ist ein Vertrieb von Büromöbeln. Bislang gibt es Vertreter, eine Auftragsannahme, eine Auftragsabwicklung, einen Einkauf, ein Lager/Versand und eine Abteilung Buchhaltung/Rechnungswesen. Das Organigramm der Allerlei GmbH umfaßt:

Organisationseinheit	Anzahl Mitarbeiter
Geschäftsleitung	3
Außendienst	5
Auftragsannahme	2
Auftragsabwicklung	3
Einkauf	3
Lager/Versand	8
Buchhaltung/Rechnungswesen	4

Alle Einheiten sind an die Geschäftsleitung angebunden.

Die moderne Informationstechnik ermöglicht, daß Auftragsannahme und Vertreter die Aufträge und Weisungen für Lager und Versand direkt in Computer eingeben (Notebooks für die Vertreter). Diese Daten können direkt an Versand/Lager und Buchhaltung/Rechnungswesen weitergegeben werden.

a) Wie könnte ein neues Organigramm für die Allerlei GmbH aussehen?

b) Welche personellen Qualifikationen sind hierzu notwendig?

c) Der Geschäftsführer der Allerlei GmbH entscheidet, daß niemand entlassen werden soll, obwohl die Auftragsabwicklung eingespart werden sollte. Wo kann er seine Personalkapazität sinnvoll verstärken?

6.2 Lösungen

1. Ein System ist eine Menge von Elementen, die miteinander in Beziehung stehen. Eine wissenschaftliche Theorie kann als theoretisches Aussagensystem definiert werden; d. h. eine Menge theoretischer Aussagen, die miteinander in Beziehung stehen. Vgl. S. 11 ff.

2. Alternativen 2 und 3 sind richtig. Vgl. S. 6 f.

3. (1) Personenunabhängige Standardisierung von Aufgaben und Arbeitsteilung,

(2) Hierarchie und Kompetenzabgrenzung,

(3) festgelegte Führungsregeln,

(4) Betonung fachlicher Kompetenz sowie

(5) Prinzip der Aktenmäßigkeit (Nachprüfbarkeit).

Vgl. S. 8.

4. Die Human-Relations-Variante stellt die Arbeitszufriedenheit in der Vordergrund. Dies muß aber nicht unbedingt zu optimaler Arbeitsleistung führen. Die motivationstheoretische Variante betont die Arbeitsmotivation und ist damit zielorientierter. Vgl. S. 9 f.

5. Hygienefaktoren machen unzufrieden, wenn sie nicht beachtet werden, schaffen aber an sich noch keine Arbeitszufriedenheit. Motivatoren schaffen die eigentlichen Leistungsanreize. Vgl. S. 9 f.

6. Nach der (1) Vorherbestimmbarkeit unterscheidet man deterministische und stochastische Systeme. Außerdem können Systeme nach (2) Offenheit in offene und geschlossene Systeme, nach (3) Veränderlichkeit in statische und dynamische Systeme, nach (4) Komplexität in einfache, komplexe und hochkomplexe Systeme, nach (5) Entstehungsart in natürliche und künstliche Systeme und nach (6) Elementeart in soziale, technische und soziotechnische Systeme eingeteteilt werden. Vgl. S. 11 f.

7. Ja. Der Zyklus aus Planung, Steuerung und Kontrolle ist als Regelkreis interpretierbar: Die Unternehmensziele (Führungsgröße, z. B. Gewinnziel für das nächste Jahr) und Kontrollinformationen (Regelgröße, z. B. tatsächlich realisierter Gewinn) gehen in die Planung ein (Fühler/Regler) und führen zur Steuerung (Stellgröße, z. B. Maßnahmen, die den Gewinn steigern), mit der das Unternehmen mit Beschaffung, Produktion und Absatz (Regelstrecke) gesteuert wird. Daraus entstehen dann wieder neue Kontrollinformationen, und der Kreislauf ist geschlossen.

8. Stellen sind die kleinsten Organisationseinheiten mit einem abgegrenzten Aufgaben- und Kompetenzbereich für eine Person. Sie sind damit die Bausteine oder Grundelemente der Aufbauorganisation; in ihnen werden Teilaufgaben (Elementaraufgaben) sinnvoll verbunden. Vgl. S. 17.

9. Die Leitungsspanne ist die Zahl der einem Vorgesetzten direkt unterstellten Organisationseinheiten. Als Gliederungstiefe bezeichnet man die Anzahl der Hierarchiestufen. Je größer die Leitungsspanne, desto kleiner ist die Gliederungstiefe; und umgekehrt. Vgl. S. 18.

10. 1 – (b); 2 – (c); 3 – (a); 4 (a); 5 – (b). Vgl. S. 18 ff.

11. 1 – (b); 2 – (b); 3 – (c); 4 (b); 5 – (a); 6 – (c). Vgl. S. 22 ff.

12. Die Matrixorganisation ist zweidimensional, die Tensororganisation ist mehrdimensional. Vgl. S. 22 und S. 27 ff.

13. Komplexe Aufgabe, definierte Laufzeit, fach- und organisationsübergreifende Aufgabe, hohe Bedeutung sowie einmalige, innovative oder risikobehaftete Aufgabe. Vgl. auch S. 30.

14. Es ergeben sich folgende Zuordnungen (vgl. S. 35 ff.):

Begriff	Sprechermodell	Stabsmodell	Personalunion	Hierarchiemodell
Portefeuillebildung	X	X		
Ressortbindung			X	X
Kollegialprinzip	X		X	
Direktorialprinzip		X		X

15. Kernbereichsmodell, Richtlinienmodell, Matrixmodell, Servicemodell, Stabsmodell und Autarkiemodell. Vgl. auch S. 36.

16. Autonome ausländische Tochtergesellschaften, internationale Divisionen und globale Strukturen im gesamten Konzern. Vgl. auch S. 37 f.

17. Das Funktionendiagramm weist Aufgaben und Befugnisse verschiedenen Stellen in Form einer Matrix zu. Vgl. auch S. 43 f.

18. Verrichtungsanalyse, Objektanalyse, Ranganalyse, Phasenanalyse und Zweckbeziehungsanalyse. Vgl. auch S. 46.

19. Liste, Ablaufdiagramm, Blockschaltbild, Datenflußplan, Informationsflußdiagramm, Kommunikationsspinne. Vgl. S. 48 ff.

20. Grundlagenanalyse ist die Prüfung von Arbeitsschritten und Stellen auf Ihre Notwendigkeit und damit die einfachste, aber auch radikalste Form der Organisationsanalyse. Vgl. auch S. 51.

21. Prinzipiell kommen *alle* Alternativen in Frage. Wenn aber lediglich a) Kosten oder b) Erlöse als Bezugsgröße gewählt werden, muß immer beachtet werden, daß eine Wirtschaftlichkeitsaussage immer nur bei jeweils gleichen a) Erlösen oder b) Kosten gemacht werden kann. Anstelle der Erlöse bieten sich bei öffentlichen und gemeinnützigen Organisationen Zielerreichungsmaße an.

22. Die Datenmatrixanalyse dient zur Überprüfung, ob a) bestimmte Daten überhaupt erforderlich sind, b) Daten mehrfach eingegeben werden und damit redundante Verarbeitungsschritte vorkommen, c) die Verarbeitung der Daten optimal erfolgt. Vgl. auch S. 52 f.

23. Grobkonzeption, Soll-Konzeption und Feinkonzeption. Vgl. S. 53 f.

24. Antworten:

a) Die Supra GmbH als Linienorganisation

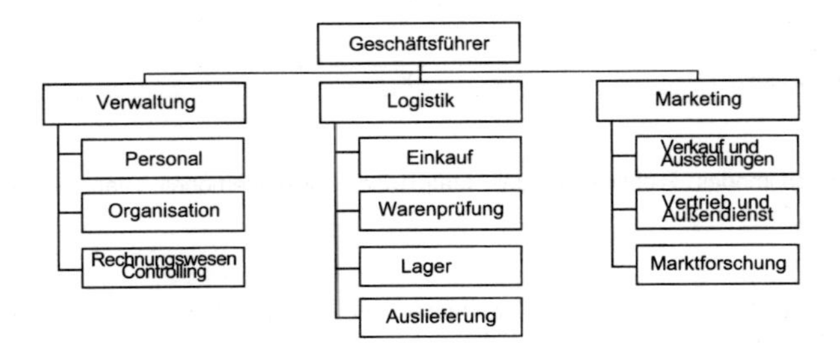

Abbildung 25. Die Supra GmbH als Linienorganisation

b) Die Supra GmbH als Stablinienorganisation

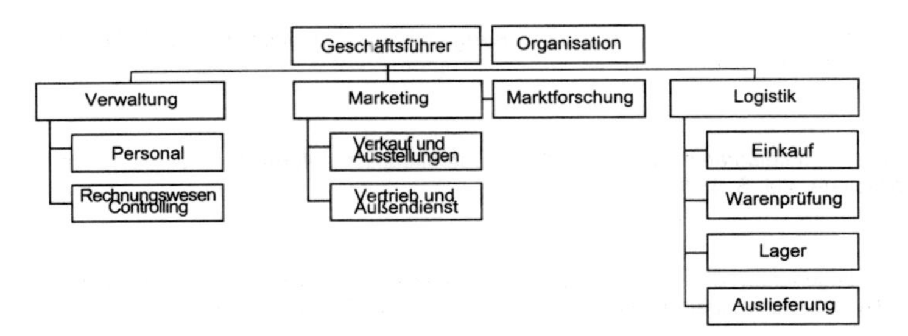

Abbildung 26. Die Supra GmbH als Stablinienorganisation

c) Produktmanagement in der Supra GmbH

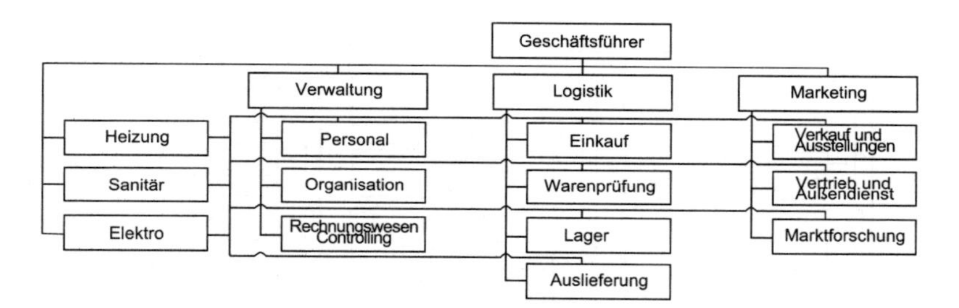

Abbildung 27. Produktmanagement in der Supra GmbH

d) Projektmanagement in der Supra GmbH

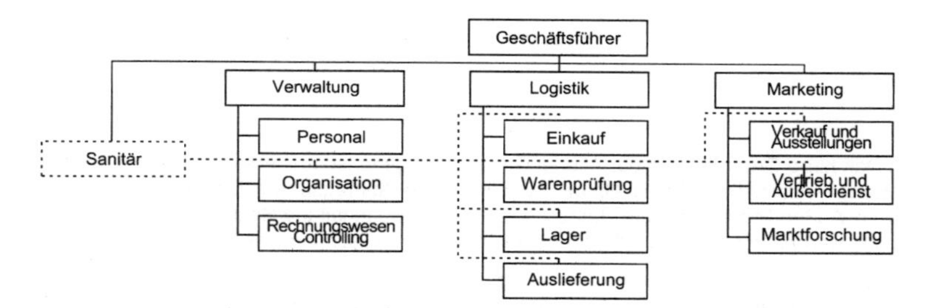

Abbildung 28. Projektmanagement in der Supra GmbH

e) Die Supra GmbH als Divisionalorganisation

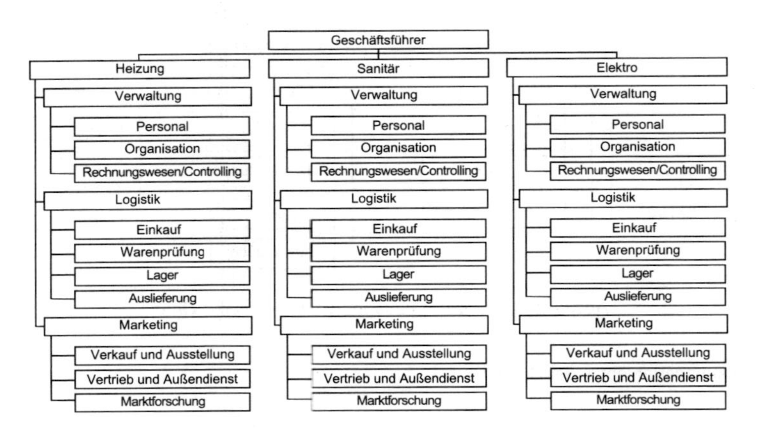

Abbildung 29. Die Supra GmbH als Divisionalorganisation

25. a) Das neue Organigramm der Allerlei GmbH sieht genauso aus wie das alte, nur die Auftragsabwicklung entfällt. Die Allerlei GmbH benötigt keine Auftragsabwicklung mehr, da alle Daten zwischen Außendienst/Annahme, Lager/Versand und Buchhaltung/Rechnungslegung direkt ausgetauscht werden können. Diese Mitarbeiter können theoretisch eingespart werden.

a) Die Mitarbeiter im Außendienst und in der Auftragsannahme müssen in den Grundlagen der Auftragsabwicklung ausgebildet werden, damit Sie die entsprechenden Anweisungen für Lager/Versand direkt bei der Auftragsannahme in die Datenbank eingeben können. Die Mitarbeiter im Lager/Versand müssen eine EDV-Schulung erhalten.

b) Die gesamte Abwicklung ist aufgrund der modernen EDV wesentlich effizienter geworden. Der Engpaß ist also nicht die Abwicklung, sondern das Auftragsvolumen. Der Geschäftsführer sollte seinen Außendienst verstärken.